ディズニーランド＆
ユニバーサル・スタジオ・ジャパン

新しい
リーダーの
教科書

で学んだ

ディズニー・USJ
元人材育成 人材開発トレーナー

今井千尋

JN121946

あさ出版

あなたの「リーダー度」をチェックしよう

　まずは、皆さんの現在のリーダー度を確認してみましょう。
仕事に関してどう感じているか、10個の質問を用意しましたので、以下のいずれかで答えてください。

1…まったく感じない（問いの意味がわかりづらいと感じた時）
2…めったに感じない（1年に数回以下）
3…時々感じる（1カ月に1回くらい）
4…とてもよく感じる、いつも感じる

	問	記入欄
①	自分の仕事の意味や意義、価値を感じ、誇りを持っている	
②	仕事をしていると、あっという間に時間が経っている	
③	物事がうまく運んでいない時でも、できない理由でなく、できる理由を探し続けている	
④	仕事は幸福を感じるものであり、つい夢中になり、時間が経つのが早く感じる	
⑤	自分の仕事について、醍醐味（厳しさの中のやりがい、楽しさ）を見いだしており、尋ねられたら明確に答えることができる	
⑥	自分が何を期待されているのかわからない	
⑦	新しいことにチャレンジするよりも、今の状態を粛々と守っていくことが大事	
⑧	仕事に関して未来が見えず、今の仕事は自分が本当にやりたいことなのか悩んでいる	
⑨	困難な仕事に直面した時には、他の人に仕事を振っている	
⑩	次の週末（休暇）がただただ待ち遠しい	

　ご自身の回答を、以下の通り点数化してそれぞれ計算し、結果を確認してください。

1 まったく感じない……1点　　**2** めったに感じない……2点
3 時々感じる……………3点　　**4** とてもよく感じる……4点
問①〜⑤の合計点（　　）点　／　問⑥〜⑩の合計点（　　）点

◎問①〜⑤の合計点の見方

　点数が高ければ高いほど、すでにリーダーとして、周りに良い影響（仕事への向き合い方、生産性、業績の向上など）を与えることができています。特に本書の第3章以降を活用し、より良質なコミュニケーションを身につけ、チームの部下やメンバーと共に成長していきましょう。

◎問⑥〜⑩の合計点の見方

　点数が高ければ高いほど、リーダーとして開発の余地、伸びしろが多くあるということです。特に本書の第1、2章を読んで、リーダーとしてのご自身の可能性と役割を知ることから始めましょう。少しずつ、確実に、変化が出るはず。

------------------------------------- 解説 -------------------------------------

　皆さん、「リーダー度」チェックの結果はいかがでしたでしょうか？

　このチェックは、リーダーとしての向き不向きをチェックするものではなく、今のあなた自身の特徴、現在地を確認するものです。

　問①〜⑤はさらに伸ばしていきたい部分、問⑥〜⑩はリーダーとしての伸びしろとなる部分です。本書にさまざまなヒントをちりばめていますので、どんどん見つけて実践してみてください。

リーダーに特別な才能はいらない

　東京ディズニーランド®とユニバーサル・スタジオ・ジャパン®。

　いずれも、日本を代表するテーマパークであり、リピーター率が異常に高いことが知られています。

　大人も子どもも、ここで過ごす時間を目いっぱい楽しめるだけでなく、訪れる前からワクワクし、帰った後もドキドキできる場所。だからまた行きたくなるし、そのために頑張ることができるのではないでしょうか。

　ゲストがここまで楽しむことができる理由、それは、そこで働く人々がやりがいをもって、ワクワク楽しく仕事に取り組んでいることが大きな要因の1つと言えるでしょう。

　こんにちは。今井千尋と申します。

　出会っていただき、ありがとうございます。

　私は、東京ディズニーランド（以下、ディズニーランド）で現場運営、トレーニングとディズニーユニバーシティにて人材育成の仕事に携わった後、『ＵＳＪを劇的に変えた、たった1つの考え方』（KADOKAWA）の著者でもある森岡 毅さんが活躍された同時期に、当時経営に工夫を繰り返しながらＶ字回復をさせたユニバーサル・スタジオ・ジャパン®（以下、ＵＳＪ）

に移り、パークのあらゆる部署にて人事・人材育成・人材開発の仕事に携わってきました。

　現在は、その経験をもとに、企業、自治体、経営者団体、学校団体などで人材育成・人材開発のプロとして、研修や講演、現場指導、人事・人材開発コンサルティングを行っています。

　リーダー向けの研修を担当させていただくことも多く、これまでたくさんのリーダーやリーダー候補生の方々と出会ってきました。

　いろいろとお話をさせていただくのですが、多くの方が「リーダー」という仕事をとてもプレッシャーに感じていたり、ご自身のことを「リーダーの才能がない」と悩んでいたりされます。「優れたリーダーになれるのは、特別な才能や人格を持つ一部の人だけ。自分にはとても無理です」なんてことをおっしゃる方もいらっしゃいます。

　本書を手にしてくださったあなたも、多かれ少なかれ、そのような思いを持っていらっしゃるのかもしれません。

　私自身、リーダーになったばかりの頃は、「自分なんかにできるのだろうか」「リーダーの資質なんて、自分にあるのだろうか」といった不安でいっぱいで、立派にリーダーを務めている先輩を見ては落ち込み、上手に立ち回れない自分が情けなくなったこともありました。

　ですが、人材育成の仕事をさせていただくようになり、わかったことがあります。

　リーダーに必要なのは、特別な才能ではなく、「リーダーシップ」を発揮できるかどうか、ということです。

マネジメントの父として名高いピーター・ドラッカーは、著書の中で、リーダーシップは「資質ではなく仕事」と言っています。

　リーダーとは、あくまで業務を円滑に行うための「役割」です。チームやメンバーが、自身の能力を最大限活用し、働きやすい環境をつくるために動く人のこと、とお伝えするとイメージしやすいでしょうか。

　そのために取り組むべきなのが、次の３つのテーマです。

1　思考改革
2　場づくり
3　良質なコミュニケーション

　本書では、この３つのテーマを柱として、これからの時代のリーダーの仕事とは何かについてお話ししていきます。

　近年、働き方、働く人たちの在り方、能力、そして、組織の在り方が多様化しています。

　リーダーの在り方も、こうした時代の変化に沿って変わることが求められます。

　ご存じの方も多いでしょうが、ディズニーランドやＵＳＪでは、スタッフ（キャスト、クルー）のほとんどがアルバイトの方々です。若い方も多く、初めて働く場所がディズニーランドやＵＳＪという方もいらっしゃいますし、その一方で、第一線で仕事をされてきた年配の方もいらっしゃいます。

　こうした多様な方々を取りまとめるリーダーのお仕事を、アルバイトの方に務めていただくこともあります。

　そのために誰もがリーダーの役割をワクワク楽しく果たせる

ような仕組み、教え方を考え、実践し、実際にリーダーとして
成長していくのを見続けてきた私の経験、さらに、多くの業種
や企業で研修をしてきた中で、リーダー育成としてお役立てい
ただけたこと、効果があったことも事例としてご紹介していま
すので、ぜひ参考にされ、活用いただけると嬉しいです。

　リーダーに欠かせない「リーダーシップ」の「シップ」は、
能力のことです。能力は、筋トレやスポーツと同じで、目的を
正しく理解し、正しいトレーニングを積めば、誰もが身につけ、
伸ばすことができます。本書もその一環です。
　ワクワク楽しく、読み進めてまいりましょう！

　2024 年 3 月

今井　千尋

第 1 章
「リーダー」という仕事

第 2 章

リーダーとしての思考を身につける
～思考改革～

Contents

第3章
「場」のマジックで
パフォーマンスを上げる
~場づくり~

第4章
「コミュニケーション」は
チームの最大の成長要素
~良質なコミュニケーション~

第5章
チームが成長し続けるために リーダーが実践すべき6つのこと

本文デザイン：大坪よしみ（瞬 designOFFICE）
カバーデザイン：ナカミツデザイン

「リーダー」
という仕事

For new leaders

ディズニーランドのキャストは、その8割がアルバイト（準社員）であることが知られています。その分、入れ替わりも多いのが特徴です。リーダーも、アルバイトの方にお願いしていますので、状況は同じです。

ディズニーランドには、「ＭＡＧＩＣ（マジック）」という制度があります。キャスト（アルバイト）のグレードアップ（昇格）を示すものです。

Ｍ→Ａ→Ｇ→Ｉ→Ｃの順に役割が増え、時給がアップします。

ＭＡＧＩＣのＣは「Ｃaptain（キャプテン）」、リーダーを指し、次のように定められています（参考：オリエンタルランド公式サイト）。

チームをまとめる

自ら（キャストの役割を）演じながらロケーション全体を統率する。活き活きと働ける環境をつくり出すために、メンバーに応じたスキル面とマインド面の成長を支援しているという意味。

16800人超（2023年準社員数）ものキャストがチームで動いており、サービスが乱れることなく、チームのみんなが協力し合って、活き活きワクワク楽しく働くことで、ゲスト（お客様）に満足いただくことができ、驚異のリピート率を出し続けることができています。

このようにディズニーランドは常に人が育ち、良いサービスが提供され続け、ディズニーランドの人気も衰えを知りません。

つまり、リーダーの役は老若男女、誰もが務めることができるのです。

なぜ、そんなことが可能なのか、リーダーの在り方を考えてみましょう。

「リーダー」とは何か

☑ ほとんどの人が「リーダー」とは何かを知らない

　これからリーダーになる方向けの研修を行う際に受講される
リーダー候補者からよく聞こえてくる声があります。それは、
「リーダーになんてなりたくない。そんな力はない」
「自分はリーダーの器ではない」
「自分よりも相応しい人がたくさんいる」
　といった不安を訴える声です。
　ところが、「『リーダー』とは何ですか？」と尋ねると、ほと
んどの方が口をつぐみます。実際どんな仕事なのか、経験して
いないこともあり、知らないのです。
　リーダーという巨大で偉大な幻想を勝手に自分の中につくり
出し、その大きな存在に圧倒されているような状況です。
　まだ経験していないのですから、"知らない"のは当然と言
えば当然ですよね。

　同じ質問を、すでにリーダーをされている方向けの研修の場
で尋ねることもあります。さて、どんな答えが出てくると思い
ますか。
　実は、明確な言葉で答えられる人は、さほど多くありません。
また、人によって答えがまちまちということもあります。

　会社によって、また人によって、与えられる仕事内容や伝えられることが違うことによるのでしょう。

　皆さんは、いかがでしょうか。

「『リーダー』とは何ですか？」と尋ねられたら、どう答えますか？

　さらに、質問です。

「その答えは、正しいでしょうか？」

　なぜ、このようなことを質問するのか。

　それは、リーダーという仕事について悩んでいる方のほとんどが、そもそも「リーダー」とは何か、「リーダーの仕事」とは何か、を理解できておらず、周りから漏れ聞こえてくる断片的な情報から抱いた幻想をもとにつくり出した「なんとなくのリーダー像」を前提に考えてしまっていることを、まずお伝えしたかったからです。

　わからないのですから、不安を抱いたり、「これでいいのかな」などと悩んだりするのは当然です。

　リーダーとして仕事をするには、まず、リーダーの仕事の根幹は何かについて理解することから始まります。

　その根幹を理解できれば、リーダーとしてどうあればよいかがわかり、不安もなくなり、リーダーの仕事を全うすることができるようになります。

☑「リーダー」に対する間違った思い込みを外す

　ではいったい、「リーダー」とは何なのでしょうか。

　そのお話をする前に、もう1つだけお伝えさせてください。

先ほど、「リーダー」の仕事についてリーダー経験者に尋ねると、答えがまちまちになるとお話ししましたが、実は1つだけ共通していることがあります。

「リーダーは完璧でなくてはならない」「リーダーはきちんとした人でなくてはならない」など、「リーダー＝すごい人、完璧な人、特別な人」といった思い込みを持っていることです。

　そのため、「私なんかにリーダーは務まらない」「リーダーのセンスがないからうまくいかない」などと、ご自身を「リーダー不適合者」だと見なしてしまっているのです。

　でも、そこには大きな大きな大間違いがあります。

　私は、リーダーの仕事を一種の "伝統芸能のようなもの" だと考えています。

　人類が地球上に現れ、集団ができたその時から、常にリーダーは存在してきました。各時代のリーダー像は、先人（先輩・上司）より受け継がれ、在り方を学び、状況に応じて実践したことを踏まえて、次の世代につなぐ──。こうしてリーダーの歴史は続いてきたからです。

　リーダーというと、東京ディズニーランドの創設者の1人である高橋政知氏や、松下電器産業（現パナソニック）の創業者松下幸之助氏、京セラの創業者の稲盛和夫氏など、著名なリーダーを思い浮かべるかもしれません。ですが、歴史に名を残したリーダーを支えていたのは、幾多の名が残っていないリーダーたちです。

　現場のチームを率いた、名が残っていないリーダーたちが、リーダーシップをとってきたからこそ、社会も、会社も、組織も、それこそ家族も続いてきています。

名が残っていないリーダーたちも、最初は悩みながら、迷いながら、さまざまな工夫を凝らし、時代や環境、状況に合わせてリーダーの仕事に邁進してきたはずです。そのバトンを引き継いだ（これから引き継ぐ）のが、皆さんというわけです。

つまり、リーダーは、時代を引き継ぐために当番で回ってくる「役割」であり、リーダーになる人は、完璧な人間である必要も、特別な才能を持っている必要もないのです。

リーダーに求められるのは、その時代に合わせて自分の力を最大限発揮し、次の世代にバトンを受け継ぐことなのです。

したがって、「リーダー不適合者」の人などいません。リーダーの仕事の根幹とは何かについて、時代を乗り越えてきた先人の知恵や技術を理解し、それを現代で自分らしく全うするために考え、行動すれば、誰しもが「リーダー」となるのです。

☑「リーダー」は時代によって求められることが　変わる

「はじめに」でもお話ししましたが、世の中の変化に伴い、働き方が多様化しています。

昨今、「インクルージョン（inclusion）」というキーワード（＝企業内で多様な人々がお互いに個性や価値観、考え方を認め合い、一体感を持って働いている状態、あるいは平等に機会が与えられた状態）が注目されてきています。

育ってきた環境や属性が異なるメンバーが集まってチームになるため、部下やメンバーの違いを受け入れ、柔軟に活かしていくのが良いリーダーというように、リーダーに求められる在り方も変わってきています。

また、ただ立派で強いリーダーではなく、状況に合わせて柔軟に対峙し、部下を支援してくれるリーダーが現場では求められます。

　この流れは、今後も続くことが考えられます。

　言い換えると、リーダーという仕事の根幹を知り、求められている役割を理解したうえで具体的に何を実践するのかということ、どこに向かって進んでいくのかという判断と舵取りを全うしていくことで、経験を積み重ね、その結果、リーダーとしての実力を身につけることができるのです。

リーダーの３つの役割

☑ 人気テーマパークの魅力は活き活き働く
スタッフの姿

ディズニーランドとＵＳＪで人材育成・開発の仕事をしてきた後、大手・中小問わずさまざまな企業で人材育成研修や人材開発コンサルティングを行ってきた中で、私は、リーダーの役割において大切なポイントはたった１つだと考えるようになりました。

それは、"部下やメンバーの心に炎を灯すこと"です。

仕事が楽しい、職場でメンバー（同僚）と一緒に働くことにワクワクする、やりがいがある、このメンバーとなら何でも乗り越えられるという信頼関係がある、そう部下やメンバーに感じてもらえる機会の提供、能力開発、価値観の浸透などを行うのです。

私がＵＳＪで働き始めたのは、ＵＳＪが長く続いた厳しい状況から抜け出すべく、改革を始める時でした。その要の１つが人材育成・人材開発であり、私はその仕事を担当すべく入社したのです。

改革は功を奏し、皆さんご存じの通り、今のような大人気テーマパークへとＶ字回復を果たし、生まれ変わりました。

この時、私が所属していた人材育成・人材開発トレーニングチームで行ったのが、まさしく、"部下やメンバーの心に炎を灯すこと"だったのです。

　それまでの現場は、「こうやれば、こうできるんだから、こうしましょう」と、クルー（スタッフ）がしなければならないことをマニュアルで定め、厳格に徹底して１人ひとりの動き、全体の運営を管理していました。

　事故なく運営していくための取り組みとしてはとても重要だったのだと思いますが、ルールを定め、管理を徹底して行うと、管理される側はただ目の前のやるべきことを一生懸命にこなすことだけに意識が向いてしまい、受動的な仕事ばかり行う状態になってしまいます。たとえ好きな仕事であっても、受け身で行っていると楽しそうに働くことは難しいものです。

　また、人は楽しそうでない人を見ながら自分だけが楽しむことはできません。

　テーマパークは、ワクワク、楽しく、元気に過ごすために訪れる場所です。にもかかわらず、受け身で楽しそうでないスタッフがいたら、ゲストはワクワクできませんし、感動もしにくいでしょう。

　テーマパークとしては、スタッフにワクワク楽しみながら働いてもらうこともまた、ゲストに楽しんでいただくために欠かせないことでした。

　実際、ディズニーランドやＵＳＪの人気の要因に、キャスト・クルー（スタッフ）の"相手の立場に立ち、自分から行動する"能動的な仕事ぶりも入っています。

　ＵＳＪでは、人材育成を通して部下やメンバーの心に炎を灯すために、クルーのモチベーションが高まり、ゲストがワクワクすることを、クルー自身で自発的に考えることができる自由度があるトレーニングを意識した仕事の仕方にシフトしたところ、クルーがどんどん楽しみながら、自分自身で創造的に動くようになりました。仕事が楽しくて動いてしまうと言ったほうがよいほどです。

　クルーの能動的な行動変化と共に、ＵＳＪの評判も徐々に上がり、人気テーマパークとしてゲストからさらに支持され、Ｖ字回復を遂げていきました。

　その後、独立してさまざまな業種、企業でも人材育成・人材開発のお手伝いをさせていただきましたが、リーダー自ら積極的に考え、ワクワク仕事をするようになることで周りを巻き込むことができ、チーム、組織が活発化していきました。

☑ 部下やメンバーの心に炎を灯す３つのこと

　部下やメンバーの心に炎を灯すためにリーダーが行うことは、次の３つです。

1　思考改革
2　場づくり
3　良質なコミュニケーション

　それぞれ見ていきましょう。

1 思考改革

　リーダーや部下といったそれぞれの立場を見定め、考え方や捉え方を明確に可視化し、理解・認識したうえで、その立場に相応しい言動を意識して行うことです。

　仕事とは何か、働くこととは何か、目的、目標、成果とは何かについて、それぞれの立場で理解し、大切にしている価値観や規準、判断軸、お互いの役割を全うするために、それぞれの立場から生み出される思考を整え、相乗効果を発揮する連携を図るのです。

「成果」にコミットしますが、同時に「成長」にもコミットするという思考です。

2 場づくり

　部下が自分の成長を実感しながらワクワク働くことのできる場（環境）、さらには、部下の成長による言動を通してお客様が愛着を持ち、リピートしてくれる場（環境）を、リーダーが"意図的"につくり出すことです。

　その結果、働きぶりがお客様から評価されるなどして、やりがいが高まり、周りのメンバーもその必要性を感じ、主体的に成果につながる環境づくりに参加してくれるようになります。

3 良質なコミュニケーション

　部下が安心・安全に仕事に集中するには、その仕事を行う目的や意義などを理解したうえで、自身のすべきこと、できることに取り組めることが大切です。そして、成長するには、強み、成長課題、目指すべきゴールなど、あらゆる情報を上司と共有し合えることが必要です。

　それには、お互いの共通言語（仕事を効率的・効果的に運営するために使う独自の言葉）や、その言葉の裏側にある意味づけ（解釈）、規準（どこまでやるのか）、手順（どのようにやるのか）、達成状態（ゴールとして目指すべき状態）を丁寧に分かち合い、お互いの行動やその行動の先にある業務成果（達成ゴール）を、認識のズレが少ない状態にする良質なコミュニケーションが欠かせません。

　この３つを実践することで、リーダーとして素晴らしい力を社内外に発揮できるようになります。
　リーダーの仕事の軸は、この「1　思考改革、2　場づくり、3　良質なコミュニケーション」をしっかりと遂行することだと言っていいでしょう。
　次項目から、それぞれについて詳しくお話ししていきます。（ちなみに、リーダーの思考改革のお話はすでに始まっています。驚きましたか？）
　それではまず、この３つを実践するために押さえておきたい「リーダーの要素」についてお話ししましょう。

リーダーとしての意識を持つ

☑「リーダーとしてだったら？」

ディズニーランドで人材育成の仕事をしていた時、キャストの人たちに、よくかけていた言葉があります。

「ウォルト・ディズニーだったら、どうすると思う？」

ゲストへの対応がうまくいっていない人であれば、「ウォルト・ディズニーだったら、お客様にどう接したと思う？」、仕事の手を抜いている人には「ウォルト・ディズニーがここにいたら、何て言うと思う？」など。

迷っているリーダーには、「ウォルト・ディズニーだったら、どのように行動し、仲間に対して何て言うと思う？」「ウォルト・ディズニーだったら、どう行動すると思う？」と。

ウォルト・ディズニーは、ディズニーランドをつくった人であり、ディズニーランドは、彼のイメージを具現化したものです。

つまり、ディズニーランドで働くということは、ウォルト・ディズニーの思いにのっとって行動し、判断することが求められるということだからです。

ここでこのお話をしたのには、2つ理由があります。

1つは、リーダーは「リーダーの立場から規準（指針）という方向づけ＝ルールを設定し、周りの仲間や部下に発信する必要がある」ことを知っていただくためです。

物事を考え、言葉を発する際は、この"方向づけ"が必要です。

人は何もないところでは動けません。そのため、リーダーから規律が発せられないと、部下やメンバーは自身で仮説という規準（指針）を設定し、その規準に基づいてそれぞれ動いてしまいます。場合によっては、その規準がリーダーであるあなたの思いや組織としての考えとブレることもあり、行動が誤った方向にいってしまうこともあります。

もう1つは、部下やメンバーは、「リーダーに"リーダーとしての言葉"を求めている」ことを知っていただくためです。

仕事中は、リーダーの指示や意向が判断軸となります。

実際、チームメンバーは誰ひとり変わらず、リーダーが代わっただけで、チームの成果が大きく変わることは少なくありません。

にもかかわらず、リーダーの役割を意識していないあなた個人の感情や考えが混じってしまうと、組織としてブレが生じ、現場のメンバーは混乱してしまいます。

リーダーは、常に「リーダーとしてどうすべきか」「リーダーとしてどうあるべきか」を意識し、発信を続けることが求められているのです。

☑ リーダーであり続けるための5つの要素

「リーダーとしてどうあるべきか」を判断するには、ルールや

規準（指針）が必要です。

　ディズニーランドでの規準（指針）は「ウォルト・ディズニー」でしたが、多くの企業や組織には、ウォルトのような存在はいないでしょう。では、どうするべきかというと、以下の5つをリーダーとして実践していくことが求められます。

1　リーダーの意味・意義（meaning）
仕事に向き合う際の在り方、互いの位置確認と方向づけ、意味づけ、規準の設定をする「役割」である

2　エンゲージメント（engagement）
仕事に向かう際の姿勢として自らと約束している。組織、会社、顧客と「約束」している

3　ポジティブ感情（positive emotional growth）
常に前向きで充実した心理状態。「挑戦」や「自己効力感＝自己成長実感」が充足している

4　周りのメンバーとのポジティブな情緒的関係性（positive emotional relationships）
この仲間とならば1人ではできないことも成し遂げることができるという「チーム効力感・仲間との成長実感」が充足しており、互いを活かし合う連携を生み出している

5　達成・完了（accomplishments）
仕事上の効果的な目標設定と、その目標達成を促進させる。個人の成長や発達を重点的に意識しながら、行動を完了させる、G-PDCAサイクル（次ページ図）がしっかりと循環している
目標設定、目標のプロセスにおいて、目標設定（仕事の裁量、役割を意識したゴール設定など）、取り組み実践（上司・同僚の支援）、目標達成に向けた中間チェック（フィードバック、フィードフォワード、コーチング、トレーニングの機会）、さらなる達成に向けた改善活動などの流れをしっかりと意識してつくり出している

G‐PDCAサイクル

・Goal（ゴール）＝目的を達成するための目標、自分の思い描いていたことが実現すること

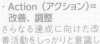

・Plan（プラン）＝計画
目標設定（仕事の裁量、役割を意識したゴール設定など）

・Action（アクション）＝
改善、調整
さらなる達成に向けた改善活動をしっかりと意識してつくり出す

LEADER

・Do（ドゥ）＝実行
取り組み実践（上司・同僚の支援）

・Check（チェック）＝検証、評価
目標達成に向けた中間チェック（フィードバック、フィードフォワード、コーチング、トレーニングの機会）

　リーダーは、この5つを意識して、安定的な見方、考え方、捉え方、行動の仕方を実践することで、その役割を果たすことができます。

　言い換えると、リーダーとしてうまく機能していない時、例えば、部下が離れていく、チームの目標が達成しにくいといったようなことがある時は、この5つの内容に立ち返り、どこにボトルネック（業務の停滞や生産性の低下を招いている箇所）があるのか、見極める軸として使っていきましょう。

リーダーの意味・意義を知る
～ *meaning* ～

☑ リーダーとは「目の前の現実を変えてくれる存在」

リーダーは1人では存在できません。

マネジメントをする対象、部下やチームがあってはじめて存在できます。部下やメンバー、自身が所属するチーム全体、またはプロジェクトなど、数も形も多岐にわたります。

ただし、マネジメントはあくまで手法であって、リーダーの存在意義ではありません。

リーダーが存在する意味とは何か、部下やメンバーの視点で考えてみましょう。

皆さんが部下だった時、リーダーとはどのような存在だと思っていましたか？

「自分たちのマネジメントをしてくれる人＝リーダー」とは、思わなかったはずです。自分たちを導いてくれる人、困っていることに対して的確なアドバイス・指導をしてくれる人、状態が悪い時に叱咤激励をして高みに上げてくれる人、ついていけば大丈夫だと思わせてくれる人、仕事の意味や価値を伝えて仕事の醍醐味・素晴らしさを学ばせてくれる人……、そんなふうに思っていませんでしたか？

さまざまなリーダー論を学び、たくさんのリーダーに出会ってきたうえで、私はリーダーを次のように定義しています。

リーダーとは……
思考、コミュニケーション、場づくりによって
目の前の現実を変えていく人である。

　ディズニーランドやＵＳＪでリーダーになった時は、トレーニングを受けることで、働くことの楽しさに気づき、自分ができること、仲間に対してできることに出会い、日々起こるさまざまな出来事にワクワクすることで成長し、考え方も変わっていきました。

　仲間を成長させるために必要なスキルや知識を学び、日々起こるさまざまな出来事に対して、常に前向きに変換し、意味づける力を身につけることで、ワクワクできる環境をリーダーが率先してつくり出せるようになります。

　なかには、リーダーと出会ったことで仕事の素晴らしさ、仲間と目標達成する醍醐味などを経験し、１人では到底叶えることができない夢（＝目標）を見つけることができたり、自らもリーダーとなって活躍したりしている人もいました。

　リーダーという立場だからできることはたくさんあり、リーダーという存在が与える効果は、決して小さなものではないのです。

☑ リーダーになったからこそ成長できることがある

　リーダーになると、見るべきところがいちメンバーの時とは変わります。

　自分のことだけでなく、一緒に働く部下やメンバーのこと、会社の方針の中における自分やチームの立ち位置、役割、どう

したらより良い状況になるか、さらには会社としてのこれから
など、さまざまなことに目を向け、意識を向け、考えなければ
なりません。

　最初のうちは慣れないものの、日々繰り返していくことに
よって視座が上がっていきます。

　視座とは、物事を眺める位置、つまり、リーダーとしての立
ち位置からの視点です。

　下の図を見るとわかるように、視座が高くなればなるほど、
リーダーとして見えるものが広がり、意識すべきことが増え、
あなた個人ではなく、リーダーとしての考え方・捉え方がある
ことを知るようになります。

視座の高さによって見えるものが変わる

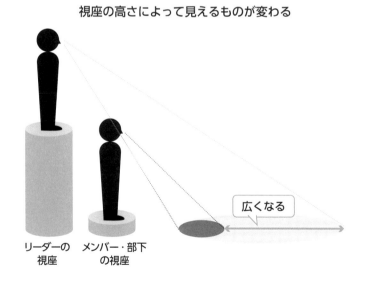

リーダーの
視座

メンバー・部下
の視座

広くなる

　同じ職場・環境であっても、リーダーになると、部下時代に見えていたものとは違う角度で見えるもの、感じることが変わっていくのです。

　また、高い視座で物事を捉え、考えることで、見える範囲が広がり、部下には見えづらい全体像を捉えたうえで判断ができるため、より適した結論・結果を導き出すことができます。
　その結論・結果の中から、部下やメンバー、ひいては会社や組織にとって役立ちそうなものをフィードバック（プロセスを振り返り、指導すること）し、フィードフォワード（さらに前進させるために何が必要かを指導すること）することで、彼らにとってさらなる成長への刺激や気づきになります。
　この一連のプロセスが、目の前の現実を変えてくれる存在というわけです。
　視座が変われば、解釈が変わり、行動が変わります。
　リーダーの視座から見て考えたことを部下やメンバーに伝えられるからこそ、成果も変わるのです。

☑ リーダーとメンバーは相乗効果を発揮し合う関係

　部下やメンバーにとって、リーダーは目の前の現実を変える存在であるように、リーダーにとっても部下やメンバーは大きな存在です。
　部下やメンバーがいるからこそ、リーダーとしてやるべきことが見え、自身の役割を意識し、規準（指針）をつくり、徹底していくことができるからです。
　彼らに対し、何ができるか。常に意識して、部下やメンバー

の応援者になりましょう。

　ただし、この時、気をつけてほしいことがあります。

　それは、メンバー全員と自分（リーダー）ではなく、メンバー1人ひとりと自分（リーダー）という関係性であることを忘れないことです。

　メンバーが10名のチームなら、10対1（リーダー）ではなく、1対1×10組あるということです。

　同じチームのメンバーで同じ仕事をしていても、感じること、悩むこと、成長の度合いなどは1人ひとり違います。同じように伝えても、視座が違うため、見えている世界、解釈、意味づけもさまざまだからです。各メンバーが成果を出すために必要な規準（指針）を浸透させるべく、それぞれの部下の視座に寄り添い、相手の立場から見える思考、コミュニケーション、場づくりを通じて1人ひとりを知り、共に成長していきましょう。

　部下やメンバーも、リーダーであるあなたの視座を知っていくことで、だんだんとあなたが成し遂げたいことを理解し、その達成に向けた応援者になっていくはずです。

エンゲージメントを果たす

～ *engagement* ～

☑ 部下やメンバーの成長を加速する
　３つのエンゲージメント

「エンゲージメント」のそもそもの意味は、約束、協定です。結婚、婚約の時に使われる「エンゲージリング」は、夫婦として永久の約束の意味を持つ印とされていますよね。

　ビジネスでも、この「エンゲージメント」が浸透してきました。ビジネスにおけるエンゲージメントの意味は、シーンや人々の関係によって変わりますが、大きく次の２つです。

- **・社内**……上司として部下やメンバーが成長する機会の提供、信頼関係の構築を行うなど、お互いに価値を高め合い、成長するための強いつながりを意味する。
- **・社外**……顧客に対し、提供する価値を通して、共に幸福感を体験できる良質な関係性などを意味する。

　本書では、リーダーとして会社、従業員（メンバー、部下）、顧客に対する「エンゲージメント＝最大の成果・結果を生み出し、成長を加速するために必要な約束」と定義し、紹介していきます。

　リーダーがエンゲージメントを果たすために部下やメンバーに対してつくり出すべきなのは、次の３つです。

1 　情熱 〜パッション 〜
2 　やりがい 〜プロアクティブ〜
3 　集中 〜コンセントレーション〜

　それぞれについてお話ししていきましょう。

1　情熱 〜パッション〜

　情熱がある現場とない現場では、メンバーの仕事のパフォーマンスが圧倒的に違います。

　以前の部下に、接客が得意なＡさんと、接客に慣れていないものの頑張りたいというＢさんがいました。

　接客が得意なＡさんは、自分自身の持つ特性を活かして、ミスなくテキパキと仕事をこなしていました。周りも、そんなＡさんの働きぶりに安心して仕事を任せていました。

　一方のＢさんは、もっと上手に接客ができるようになりたいと、上司に質問したり、本や研修で学んだり、他社の現場に足を運んで観察したりして、自分なりに一生懸命、仕事に取り組んでいました。その姿を見て、上司や先輩も自分たちの経験や体験エピソードを存分に伝えていました。Ｂさんは、先輩たちの話から情熱を持って働くことの楽しさを学び、働く中で気づいたことや習得した技術をどんどん試し、リーダーに自分の成果を共有し、承認されながら、求められている以上のことを考えて行うようになっていったのです。

　その結果、接客が上手になっただけでなく、新たな気づきを得て自ら提案をするようにもなり、それを受けてチームメンバーの在り方も変わっていきました。

　つまり、情熱を持って仕事をすると、成長のポテンシャルを

身につける機会にたくさん出会えるということなのです。

　この結果からわかることは、日本企業では、この"情熱"というキーワードがまだまだ伸びしろがある開発領域であるということです。言い換えると、上司が部下に対して仕事の素晴らしさを伝える機会が、日本では少ないということでもあります。

　ディズニーランドやＵＳＪといったテーマパークは、米国資本の要素がたくさんあるため、情熱の伝達の機会が存分にありました。だからこそ、キャストやクルー（スタッフ）のパフォーマンスを高く持つことができ、ゲストに"夢と魔法の王国""特別な場所"を提供できているのです。

　リーダーとして、このような仕事の意味や価値を意識して伝えること、そのような機会をどれくらいつくり出せるかが大事なのです。

2　やりがい ～プロアクティブ～

　仕事中の高い水準のエネルギーや心理的な修復力・回復力、仕事に費やす努力を厭わない前向きな気持ち、困難な状況に直面した時に向き合う粘り強さがある状態などのプラスのエネルギーを"やりがい（プロアクティブ）"と言います。

　"やりがい"は、たいてい、いつもの状況から少し抜け出すことから生まれます。人は、いつもの状況だと安心して、落ち着いていられます。一方、いつもと違う状況だと、状況に応じた対応が必要になり、何ができるか、何をすべきかを考えます。この時、ほんの少し不安や心配、「いつもと違う」というプレッシャーがあったほうが「いつも以上」に気合いが入ります。

　「ヤーキーズ・ドットソンの法則」という生理心理学の基本法

則があります。「高すぎず低すぎない適度な緊張（ストレス）状態の時、人は最適なパフォーマンスを発揮できる」ことを実験によって証明したものです。

この「高すぎず低すぎない適度な緊張（ストレス）状態」を定期的に提供し、部下やメンバーから最良のパフォーマンスを引き出す機会をつくることで、彼らはやりがいを覚え、成長していくというわけです。

3　集中 〜コンセントレーション〜

「ゾーンに入る」という言葉を聞いたことのある人も多いでしょう。集中力が高まり、それに伴い、パフォーマンスが向上する状態のことです。アスリートが好記録や新記録を出す時、この状態（いつも以上に競技に集中している状態）に入っているとされます。

脳科学的見地からも「ゾーン」の研究が進んでいます。「ゾーン」に入ると、脳内では、セロトニンやドーパミンをはじめとするあらゆる神経伝達物質が活性化し、圧倒的な快感を得ると共に、前頭前野の働きが低下することで頭の中で響く自分への批判の声がやみ、エゴが消え、最大のパフォーマンスを発揮できるのだそうです。

この「ゾーン」は、仕事にもあります。"仕事にのめり込む"状態です。ネガティブな感情や考えが排除され、目の前の仕事やタスク、お客様に集中して動くことができます。その中で、良い成果や新しい発想が生まれ、やりがいを感じます。人は成功体験から自信をつけるからです。

この"集中＝ゾーンに入る"状態を、リーダーとして部下やメンバーにどれだけつくり出すことができるかどうかで、彼ら

の成長スピードは驚くほど変わります。

　それには、ひとつひとつの業務に集中させることです。

　リーダーとして、部下やメンバーに明確な目的・目標を事前に設定し、「現在はこの仕事、この目標、この解決行動」に向き合うようにするのです。この時、締切時間を設けるのはＮＧです。「あと○時間でこれをしなければ」「あと○分しかない」などの雑念が入ってしまい、集中とは違う次元の状態が生まれてしまいます。締切の管理はリーダーが行います。

　ただし、高い集中力を発揮するには、「こうなりたい」「成し遂げたい」という強い指針が必要です。リーダーとして、その課題が解決した状態を部下やメンバーにイメージさせておきましょう。

　これらの３つのエンゲージメントをつくり出すことは、「部下の心に炎を灯す」一助でもあります。

　部下やメンバーの視座を高めることによって、新しい刺激と出会わせ、成長を図ることができるかどうか、つまり、仕事に意味や価値を見いだし、熱中させ、その体験を通して誇りを持ち、さらなる成長のために、挑戦しようという意欲を部下やメンバーが感じて動ける状態にするために、あなた自身が関わることがとても大切なのです。

ポジティブ感情を抱く
～positive emotional growth～

☑ リーダーがポジティブだとチームも
ポジティブになりやすい

「仕事に対して、ポジティブな感情を抱いている人と、ネガティブな感情を抱いている人、どちらについていきたいですか？」と尋ねられたら、たいていの人がポジティブな感情を抱いている人を選ぶのではないでしょうか。

では、「常にできない理由から入る」リーダーと、「どうしたらできるのかという前提から入る」リーダーとではどうでしょうか？

ディズニーランドやＵＳＪのリーダーも、後者の「どうしたらできるのかという前提から入る」ことを常に癖づけられ、トレーニングされていました。

だからこそ、仲間にもお客様（ゲスト）にも「知りません、できません、わかりません」は絶対にＮＧ。

常に「はい！ ＹＥＳ！ 喜んで！ もちろんです!!」を合言葉に相手と向き合おうと教わってきました。

このような反応をするチームでは、自分にとって困難なことが目の前にやってきても、仲間に相談し、必ず乗り越えるという癖がついているので、決して諦めません。実際、「あのチームに声をかけたら必ず成果を出してくれる」という評判がたち、

周りからも「自分もあのチームの一員になりたい」といった声ももらいました。

　ポジティブな感情や思考を持った集団は、自分たちだけでなく、その周りにもポジティブな影響を与えられるということなのです。

　さて、ここで言うポジティブ感情とはどういうものかというと、高いエネルギーや心理的な回復力があり、仕事に費やす努力を厭わない気持ち、困難な状況に直面した時の粘り強さなどがある心の状態です。

　シンプルに言うと、仕事に対して「好奇心旺盛」で「常に成長意欲があり」「ワクワクして」「これでいいと立ち止まらず、常に進化しようとしている」ということです。

　人は、ワクワクすること、成長することが大好きです。そして、ワクワクすると、欲が出て「もっともっとワクワクしたい」という成長欲求が出てきます。

　そのため、ポジティブな人と一緒にいると自分も自然とワクワクしたいと思うし、ワクワクできる人と一緒にいたい、ワクワクできる場にいたい、そのために成長したいと考えるのです。

　ディズニーランドはアルバイトの方が16800人超（2023年準社員数）、ＵＳＪにはアルバイトの方が11800人超（2023年アルバイト数）いますが、それだけの数の方が集まる理由は、時給が良いからだけではありません。それぞれのテーマパークやキャラクターが好きだからという理由もありますが、ここで働くとワクワクできる、成長できるからです。

　このワクワクをつくり出せるかどうかは、リーダーのポジティブ感情によるところが大きいのです。

☑ リーダーがポジティブであるにはどうすればいいか

　リーダーがポジティブでなければならないとしたら、ポジティブな性格・人間性の人がリーダーをやるべきではないか、そう思うかもしれません。

　ですが、最初にもお伝えしたように、リーダーを務めるうえで元々の人間性や性格は関係ありません。日々の過ごし方や意識の話だからです。**リーダーとして、ポジティブを意識した言動を行うことで、チームにとってポジティブな存在になります。**

　特に言葉遣いが肝心です。

　まず、「でも」「だって」「どうせ」「大変」「無理」「最悪」など、ネガティブな意味を持つ言葉を極力使わないことです。これらの言葉は、必ずネガティブな話につながります。リーダーが仕事でネガティブな言葉を発するということは、部下やメンバー、チーム、組織、自分の可能性を閉ざしてしまう言葉をリーダーが発するということでもあります。

　さらに、自分が口にする言葉は、自分がいちばん耳にします。ネガティブな言葉を使えば使うほど、考えれば考えるほど、自分の気持ちも思考もネガティブになっていきます。

　仕事で自分自身がどのような言葉をよく使っているのかに意識を向けてみてください。そして、ネガティブな言葉を使ってしまいそうになったら、成長や可能性を広げる言葉に置き換えられないか考えてから発するのです。

　ネガティブな事態が起きたとしたら、多少強引であってもポジティブな角度からその事態が起きたことを意味づけすることで、部下やメンバーのネガティブな思いを弱めたり、失った自信を取り戻したりする一助になります。

　必要なのは、あなた自身がポジティブかどうかではなく、ポジティブな存在であるかどうか。つまり、部下やメンバーにポジティブ感情を抱かせることができればよいのです。

　ネガティブな言葉を使わず、部下やメンバーの行動を後押ししたり、可能性を高めたり、成果を近づける思考を発信したりすることで、多くの仲間にとってあなたという存在がとても大切な力となるのです。

　慣れないうちは苦心するでしょうが、ポジティブ発信を意識し続けることで、リーダーとしてポジティブに考えることが習慣になり、いつしか当たり前になっていきます。

　どうしても「でも」「だって」「どうせ」を使ってしまう場合は、自分のことを否定的に、過小評価していることが考えられます。まずは頑張っている自分をしっかりと評価してあげましょう。**また、何事も行動を起こす前から諦めてしまわず、「自分だからこそできる」と、とりあえずは肯定する癖をつけましょう。**そうすることで、自信が生まれ、気持ちも安定し、ネガティブな言葉が出てこなくなってきます。

　「大変」「無理」「最悪」と思ってしまいがちな場合も、頑張ればできるのに自信がないあまりに、目の前のタスクのハードルを過剰に高く見積もって「できるわけがない」と常に逃げる態勢になってしまっている可能性があります。タスクが与えられたら、冷静に見て、どれくらい大変なのかをスケーリング（数字で測れる規準に落とし込む）することで、「できるやり方」を見つけることができます。

　リーダーとして、ポジティブでありましょう。

メンバーとポジティブな関係性を築く
～*positive emotional relationships*～

☑ チームを率いる≠メンバーとポジティブな関係である

　リーダー向け研修等で「リーダーの仕事で大変なことは何ですか？」と質問すると、最も多い答えの１つが「チームを率いること」です。皆さんも、そうかもしれませんね。

　私自身、ディズニーランドやＵＳＪでリーダーを務めたことがあります。でも、チームを率いたことはありません。もちろん、チームメンバーは複数人いましたが、「率いる」という行動はしていませんでした。

「それでリーダーなのか？」と思いますよね？「それでチームをまとめることなんてできないだろう」と疑問に思った方もいるでしょう。

　では、種明かしをいたしましょう。

　答えは簡単です。

　リーダーなのに、チームを率いることをしていなかったのは、「チームを率いること」はリーダーの仕事ではないからです。もっと言うと、チームをまとめるのに「率いる」必要などないのです。

　率いるという言葉の意味は、「大勢の上に立って行動を指図する。引き連れていく」と辞書には表されています。メンバー

の先頭に立ち、リーダー自身の力で、メンバーを連れて行動する・行動させるという意味です。

　多種多様な人、それもほとんどがアルバイトでプロジェクトごとに違うメンバーと共に働くディズニーランドやＵＳＪでは、リーダーありきの働き方では、むしろどうやって仕事をすればよいかがわからなくなってしまいます。

　そもそも、望ましいチームの在り方とは、メンバー1人ひとりが有機的に集まり、相互に助け合い、影響し合い、成果を出す集団です。つまりリーダーは、チームとしてより良い成果を出せるように、メンバーが有機的＆自発的に動きやすい環境を整え、メンバーとの関係性の質を高め、ポジティブな関係性のチームを築くことが仕事なのです。

　特に昨今のような多様性の時代において、組織におけるリーダーは、順列の上（先）にある人という意味ではなく、チームのために率先して動く役割を担った人を指します。リーダーが、自分の考えだけで先頭に立って率いると、かえってチームがまとまらなくなるでしょう。

　今でこそ、「多様な働き方を大切にしよう」と、どこの企業でも言っていますが、多種多様なキャリア、価値観を持った人が働くディズニーランドやＵＳＪは、開園当初より「多様性」を活かした働き方をしていました。

　お互いの多様な価値を尊重し合い、メンバーとリーダーとがポジティブな関係性を築くことができていたからこそ、成果を出し続けてきたのです。

☑ ポジティブな関係性を築く３つのポイント

メンバーとポジティブな関係性を築くためにリーダーが行うことは、次の３つです。

1　魅力ある目的・目標設定を行う
2　やりたいことができる場を与える
3　心に火をつける導火線を見つけ、着火する
　　（やり方をお互いで共有する）

メンバーが有機的＆自発的に動くには、動かすための仕組みではなく、やらない理由が見つからないくらい魅力的な目的、「ぜひ、やりたい」とメンバーが思える目標を設定し、目標達成した姿（ゴール）を明確にすることです。

もちろん仕事なので、部下のやりたいことだけを目標にするのではなく、部下が敬遠する内容であっても、「なぜ、それが部下にとって必要なのか」という目的をしっかりと彼らに伝えることで、「ぜひ、やりたい」に変換させることができるのです。

さらに、どのように課題解決行動を実践していくのか、丁寧に議論を重ね、共有する機会をつくり、実行できる場・環境を与えることで、部下やメンバーは「やりたいこと」「自らがやるべきこと」として捉え、それができるようになります。

メンバー１人ひとりと目標ややり方について向き合って話しをし、メンバーそれぞれのやる気を後押し（心に火をつける導火線を見つけ、着火する）することで、部下やメンバーは本来の力を発揮し、より良い成果につながっていくのです。

　人は"明確な目的、使命、大義"に触れると、そこに価値を

見いだし、**実現に向けて貪欲に動きます**。したがって、何か新しいことを始める時は、部下やメンバーをワクワクさせるために、なぜそれが所属するチームにとって、メンバー自身にとって、さらには上司にとって大切なのかを明確にさせることからスタートすることが必要です。

ワクワクさせること、自分でなければならないという当事者意識を持たせること、自分の頑張りが周りへの貢献につながると良い影響が発揮されることを、しっかり伝えることで、「魅力ある目標」となります。

ただし、目標が人それぞれの嗜好性に偏ってしまっては意味がありません。

自分がやりたいことだけをやるということではなく、チームの一員（一部）としてチーム全体の最適のために目的を設定し、そこにワクワクする素材、自分であるという意義、行う解決行動が、上位概念のチームの目標達成につながるという構造を絡ませます。ここが、リーダーの良いチームをつくるうえでの腕の見せどころと言えるでしょう。

とても前向きで、チーム貢献にもなり、自分自身の成長につながるような、自分がやってみたい機会に出会ったら、すぐさま取り掛かりたくなるのが人間の性です。ウズウズさせたら、そのウズウズを解放する「場」を設けてあげましょう。「場」のつくり方については、第3章でお話しします。

部下やメンバーの心に火を灯すのは、リーダーの「言葉」です。やる理由とやり場があれば、人は考え、工夫し、行動しやすくなります。それを支えるのが、リーダーの役割です。

良質なコミュニケーションや言葉がけについては、第4章、第5章でお話しします。

リーダーの実績をつくり続ける
～*accomplishments*～

☑ リーダーの実績は現在進行形

リーダーの実績というと、これまでの仕事の成果のように思うかもしれません。実際、年功序列が崩壊しつつある日本でも、過去の実績があれば、若くてもリーダーに選ばれることが増えています。

ですが、良いリーダーとして必要なのは、あくまでリーダーとしての現在であり、リーダーとしての行動からつくり出される「現在進行形」の実績です。

先ほど、リーダーと部下やメンバーとの視座の差についてお話ししました（32ページ）が、リーダーの仕事と部下やメンバーの仕事はまったくと言っていいほど違います。言い換えると、部下の立場にいた際にいかに実績を上げていたとしても、リーダーとして実績を上げられるかどうかはわかりません。

だからこそ、どのようにできたかではなく、常にどのようにあったか、その姿勢が重視されます。

目的遂行のために、いかに創意工夫をし続け、変化し、適応し、現在進行形の実績を積み続けることができているか。これが、リーダーの実績となります。

要は、メンバーを成長させ、最大の成果を出すために、常に何かしらの行動を起こし続けている人が実績のあるリーダーと

いうわけです。

　ここまでリーダーの役割や要素について読み進めてきて、
「やっぱり自分にはリーダーの才能がない」「とても無理だ」と
感じている人もいるかもしれません。
　ですが、現在、あなたがリーダーもしくはリーダー候補であ
るということは、日頃の在り方、働くことに対する意識を見ら
れた結果、現在進行形で実績を出していると認められ、選ばれ
たということです。
　あとは、これまでと違う"リーダーとしての"仕事をするた
めに、リーダーの役割、思考、仕事を整理して理解し、上司や
同僚、時には部下やメンバーの支援を受けて1つずつ身につけ
ていくだけです。
　リーダーとしてさまざまなことを体験することで、多くの気
づきや学びを得て、1つずつできるようになり、その結果、「よ
いリーダー」となっていくはずです。
　少なくとも、私が出会ってきた「良いリーダー」は、意識し
ている、していないにかかわらず、この道を通り、時に壁にぶ
つかり悩んだりしながら、"素直に""謙虚に""時にアグレッ
シブに"前に進んできた人たちばかりです。
　今、ここにある成長途中の自分を大切にしながら、常に「た
だ今、成長中！」という気持ちで、何事にも前向きに取り組ん
でいくことで、リーダーとしての実績がどんどん増えていくと
言っていいでしょう。

☑ リーダーのマネジメント相手は「自分」でもある

　リーダーの仕事は、部下やメンバー、自身が属するチーム、プロジェクトなどのマネジメントです。

　その中で忘れてはいけないのが、リーダー自身のマネジメント、つまり「自分のマネジメント」です。

　人は感情の生き物です。そして、感情は、その人の状況や状態に大きく左右されます。リーダーとして役割を果たすには、健全な状態であることも大事な要素です。

　仕事柄、うまくいかずに悩んでいるリーダーにお会いすることも少なくありませんが、そのほとんどの方が、自分のことをないがしろにしています。忙しく仕事をしているうちに、だんだんと自分の優先順位を下げてしまうのです。

　人は、自分がしっかりしていない人にはついていきません。自分をないがしろにした結果、部下やメンバーとの関係もうまくいかず、チーム全体としてもポジティブな結果が出ない。だからまた悩んでしまう──。良くないループに入ってしまうというわけです。

　これでは、リーダーとしての実績をつくるのは難しいでしょう。

　リーダーは、「リーダーである自分」にとってのリーダーでもあるのです。「株式会社自分」の代表取締役とも言えます。

　さて、早速ですが質問です。

　あなたの会社「株式会社自分」の経営状況はいかがですか？「株式会社自分」の経営をうまくできていないと、周りに対する影響力も半減してしまいます。ポジティブにいられないからです。

　まずは、あなた自身が「株式会社自分」の最高の商品であることを理解し、世の中に必要とされる商品としてマネジメントをしていかなければなりません。

　多くの皆さんから選ばれる、応援される自分であるためには何が必要なのかを常に意識し、考えてみてくださいね。

＊　＊　＊

　第1章では、これからの時代に求められるリーダーという「仕事」についてお話ししてきました。

　リーダーは、才能のある人だけがなるものではなく、学ぶことで身につけていくことができる技術であり、知識であるということがおわかりいただけたのではないでしょうか。

　あなた自身を変えていく必要はありません。極論ですが、ディズニーランドでのミッキーマウス、ＵＳＪでのミニオンやスヌーピーと同じく、会社や組織では「リーダー」というキャラクターを全うする。まずは、ここから始めていきましょう。

　次章では、先ほどご紹介したリーダーの3つの柱のうち、「1　思考改革」についてお話ししていきます。

第 2 章

リーダーとしての
思考を身につける

~思考改革~

For new leaders

USJには、たくさんのリーダーがいます。

特に多いのが、パーク内の様々な飲食店や物販店、アトラクション等の各施設を取りまとめる現場リーダー（現パークリーダー）です。

来場した国内外のゲストに期待を上回る体験をお届けするために、クルーメンバーが働きやすい環境を整えることを実現する役割を担います。

現場リーダーには、自ら考えて行動し、成果をつくり出せるように、さまざまな権限が委譲されます。また、リーダーの意見を尊重し、行動しやすい環境が与えられています。

私が、初期のUSJの教育制度である「Universal Academy」の創設に関わった際、最も大事にしていたことの1つが"自律"でした。

リーダーとして必要な研修や、階層ごとの研修など、受けなければならない研修もありましたが、リーダーとしてさらに成長するために自ら手を挙げて研修を受講できる環境も整えていました。

USJに限らず、近年、企業の在り方が多様化し、年齢や社歴にとらわれず、経験が浅くてもリーダーを任されることが増えています。

なぜ、そんなことが可能なのか、また、リーダーにとって本来大切なことは何か、見ていきましょう。

リーダーは自分でなるもの

☑ リーダーになろうとした瞬間からリーダーとなる

あなたは、どんなふうにリーダー（役職）になりましたか？

一般的に、リーダーになるかどうかは、上司や雇用主などからの指名や辞令、つまり自分の意志ではないところで決まります。

そのためか、研修等でリーダーになった時のことを尋ねると、人それぞれ反応が違います。

「ようやくなれた！」と言う人もいれば「突然、辞令が出て驚いた」「自分に務まるのだろうかという不安しかなかった」と言う人、「できることなら、リーダーになりたくなかった」と言う人も。

これまでたくさんのリーダーが誕生する場面を見てきましたが、その中で気づいたことがあります。

リーダーになるタイミングは、指名された時でも、リーダーに必要なスキルを身につけた時でもなく、本人がリーダーになると決意した、その時だということです。

リーダーになると決意したとたん、自然と意識が変わり（視座が成長し、高くなり）、リーダーとしてのスイッチが入ります。反対に「リーダーなんて向いていない」「やりたくない」と思っていると、視座の成長が生まれにくくなるので、役職ではリー

ダー職であっても、いつまでたっても部下やメンバーの目線で考えてしまい、リーダーとしてなかなかうまくいかず、成果が出にくい状態になってしまいます。

☑ 思考が現実をつくり、思考がリーダーをつくる

「思考は現実化する」という有名な言葉があります。

これは、成功哲学の提唱者ナポレオン・ヒルの言葉です。

彼は、世界の鉄鋼王アンドリュー・カーネギーの発案により、20年間無償で500名以上の成功者の研究をして、成功哲学を体系化した人物です。

諸説ありますが、元々一記者であったナポレオン・ヒルは、たくさんの成功者と出会い、その思考を学んだことで、人々を成功に導く成功哲学者となれたというわけです。

リーダーも同じです。

お話ししたように、リーダーは特別な能力を持ち、発揮できる人ではありません。リーダーとしての習慣（思考）を身につけることで、誰もがリーダーになれるのです。

良いリーダーの思考癖を身につければ良いリーダーになり、良くないリーダーの思考癖を身につけてしまうと、良くないリーダーになってしまいます。それがチームや組織にも大きく影響します。

「良いリーダーだったらどうするだろう」と、意識を持ち始めることから、リーダーとしての第一歩が始まります。正しいかどうかが大事なのではなく、「良いリーダーだったら」という視点で考えることが、あなたをリーダーにしていくのです。

リーダー研修の際、お伝えしている言葉を紹介しましょう。

"If you can dream it, you can do it!"
　リーダーの仕事とは、まずイメージを明確にできるようになることである。

　リーダーとしての大切な仕事の1つは、チームとして向かうべき方向、実現したいことをイメージし、指し示すことです。
　そして、リーダーシップとは、まさに私たちがどこに行くのか、何を実現したいのか、仲間を導く（仲間にイメージさせる）ことからすべてが始まります。
　リーダーが向かうべき方向、実現したいことのイメージが曖昧だと、部下やメンバーは路頭に迷ってしまいます。
　リーダーの時は、あなたの思いはどうであっても、リーダーとして考え、判断し、決めて伝える。後は、実行するのみです。

　安心してください。
　人間の脳は、誰しも「思考が現実をつくり出す」ようにできています。
「リーダーになる」という覚悟を決めましょう。
　覚悟を決めると、自然と「良いリーダーだったらどうするだろう」と考えるようになります。
　覚悟を決めることこそが、良いリーダーになる最短の道なのです。

　本章では、リーダーとしての思考、リーダーとしてのマインドセットなどについてお話ししていきます。

「リーダーに適した思考」を持つ

☑ 人には必ず思考癖がある

人には必ず、それぞれの個性につながる特徴的な思考の癖があります。

仕事で成果をつくり出す時に役立つ癖もあれば、成果を遠ざけてしまう癖、仲間を巻き込み、人間関係がギクシャクしてしまう癖もあります。思考の癖は、リーダーにとって、とても大切なポイントになります。

早速ですが、ここで1つ、チャレンジしてみてください。

＜10円玉のワーク＞
・メモ用紙を用意していただき、10円玉と同じ大きさの円を、10円玉を見ずに描いてください。
・描き終えたら、お財布から10円玉を取り出し、実際の大きさと比べてください。

さて、あなたが描いた円は、実際の10円玉の大きさより大きかったでしょうか？　それとも、小さかったでしょうか？

実際の10円玉の大きさより大きな円を描いた人は、物事に対して過大評価をしがちだったり、マクロな視点で捉える癖があるようです。

実際の10円玉の大きさとほぼ変わらない大きさの円を描いた人は、物事を冷静に、ありのままの姿を見極める力、観察する力があると言えるでしょう。

　実際の10円玉の大きさより小さな円を描いた人は、物事を過小評価しがちだったり、ミクロ的視点で捉えがちだったりという癖があるようです。自分のことも、偏りのある視点で見る傾向があります。例えば、良いところに目を向けず、ダメなところのみに目を向けてしまうなど、ありのままを見ることができていないというわけです。

　1つの円を描くだけですが、このように自分の思考癖を垣間見ることができるのです。

　ちなみに、海外で同じような質問をすると（25セントコインを使います）、「これでもか！」というほど大きな円を描く人が多いという研究結果が出ています。自己主張の文化（習慣癖）であったり、自信を持って行動することが当たり前という在り方が影響するようです。

　一方、日本企業でこの問題を出すと、9割超の人が実際の10円玉より小さい円を描きます。**それだけ多くの人が、物事を過小評価しがち、つまり、偏りのある視点で見る思考癖があるということです。**

☑ 自分の思考癖を把握することで判断力がつく

　気をつけていただきたいのが、円を大きく描くと良い、円を小さく描くのは良くない、ということではありません。

　大事なのは、無意識のうちに偏ってしまっている自分の思考

癖に気づくことであり、気づいた自分の思考癖を踏まえて、物事を判断することです。

　また、人は常に変化するものです。学び、成長しますし、感情の生き物なので、時期やタイミングによって、思考の状態も変わります。

　落ち着いている時の思考は穏やかですし、苛立っている時の思考は焦りがちになります。

　リーダーになると、日々さまざまなことを判断することになります。この時、自分の思考癖を把握できていないと、無意識のうちに、偏った判断をしてしまうこともあります。そのまま部下やメンバーに指示してしまうと、ブレが生じ、ミスにつながってしまうことも起こり得ます。

　10円玉のワークを定期的に行うなど、自分の思考の状態（癖）に意識を向けることが大切です。

　描いた円が小さかった時は、「小さいということは、過小評価しすぎていたり、細かなところばかり見てしまって、可能性についてイメージできていないかもしれない。もう一度冷静に考えてみよう」、描いた円が大きかった時は、「大きいということは、過大評価しすぎていたり、細かなところに目が行き届いていないかもしれない。リスクはないか、もう一度冷静に考えてみよう」と、自分を振り返り、現状を考えるきっかけにするのです。

　無意識のうちに陥っている偏ったものの見方や感じ方を正しい位置に整える習慣を持つと良いでしょう。

　ぜひ、試してみてください。

☑ リーダーとして成果を生み出す思考

"It takes people."
イメージを現実のものとするのは人。

　これは、私自身がリーダーとして成長する過程において、先輩やトレーナーから教わり、リーダー思考の土台となったウォルト・ディズニーの言葉です。
「人は誰しも世界中で最も素晴らしい場所を夢に見、デザインし、建設することはできる。しかし、その夢を現実のものとするのは、"人"に委ねられている」

　すべての出発点は"人"であること、そして、"人"は、人の心を動かす価値をつくり出す"大切な資産"であることをリーダーは肝に銘じておかなければなりません。
　リーダーはゴールをイメージし、そのゴールに向けて、部下やメンバーといった"人"を動かし、共に現実にするのが仕事です。
　"人"を大切にする姿勢は、リーダーが持つべき思考の根幹であり、価値観であり、在り方と言えるでしょう。
　日々、周りにいるチームの部下やメンバーの存在は、つい"当たり前"に感じてしまうかもしれませんが、あなた自身を含めて、部下やメンバー、さらには上司など仕事に関わるすべての人は、あなたにとって当たり前にいる存在ではなく、志を共にし、一緒に目標達成に向けて動いてくれている大切な存在だと、常に認識して動く必要があります。
　それがあってはじめて相手は動き、成果がついてくるのです。

リーダーとメンバーの認識

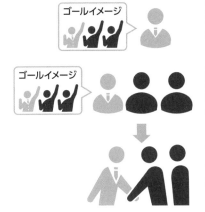

リーダー
ゴールをイメージして、メンバーの役割を分担。方針が決まったら、発信準備をする

リーダー＋メンバー
リーダーがつくったゴールイメージ（方針）を発信し、ゴール達成に向け、メンバーそれぞれが役割を全うし、仕事に励む

リーダー＋メンバー（振り返り）
リーダーが示したゴールイメージの達成・思いの実現に対する振り返る機会を持つ
承認＋次なる成長課題（目標）をリーダーは伝える

"人"を大切に考える。

　相手や自分の存在や思考を尊重し、感謝の念を忘れず、丁寧に接しましょう。

　思考は、性格や経験、環境等によって無意識のうちに形成されるので、共通点はあってもまったく同じという人はいません。

　人それぞれ思考癖が違うということは、1つのチームといえど、まったく違う思考癖の人々が集まっているということをリーダーとして理解しなければなりません。

　もちろん、リーダーであるあなたともメンバーは全然違う思考癖（物事の見方、考え方、捉え方）を持っているということを前提にコミュニケーションをとりましょう（コミュニケーションについては第4章でお話しします）。

「自分という人間」を受け入れる

☑ 受け入れることからチームは始まる

　思考癖が人それぞれ違うように、性格、育ってきた環境、文化、どれひとつとっても、まったく同じという人はいません。中には、あなたとは正反対の人がチームにいることもあるでしょう。

　どんな人も、大切なメンバーです。リーダーの役割は、メンバー全員の特性を活かし、目標をチームで達成すること、メンバー個人の成長を促し、サポートすることです。それには、1人ひとりのメンバーと向き合い、理解することが必要です。つまり、部下やメンバーを解釈（評価）せず、ありのままをいったん受け入れるということです。これを"他者受容"と言います。

　そして何より、リーダー自身がまず自分自身という人間に正面から逃げることなく向き合い、ありのままを受け入れる必要があります。これを"自己受容"と言います。

「自己受容」とは、自分のありのままを評価・意味づけなどせず、受け入れること。
「他者受容」とは、他者を心から信頼し、他者のすべて（強み、成長課題など）を何の解釈もせず、受け入れること。

　他者を受容する行為は、一見さほど難しくないように感じるかもしれません。実際、日頃から誰かと付き合うということは、

多かれ少なかれ、他者受容をしているからです。

しかし、リーダーという立場で部下やメンバーと向き合うには、相手についてよく知っておかなくてはなりません。

それにはまず、自己受容を意識して行うことです。

いちばん身近な自分を受け入れられない人が、頭も心の状態も目で見ることができない他人を受け入れることはできません。

自分という人間を受け入れ、理解すること、そして、自分は他人とどのような向き合い方をしているのか、客観的に見つめ、その状態をありのまま受け止めましょう。

自己受容ができてはじめて、他者受容＝メンバーを正しく受け入れること）ができるようになります。

☑ 自分という "人" に興味を持つことからすべてを始める

あなたはどれだけ、自分のことを知っているでしょうか。

自分がいったいどんな人間で、どんな思いを持っていて、どんな思考癖があるのか――。

自己紹介用のプロフィールではなく、リーダーとしての自分でもなく、一個人としての自分のこととなると、意外と知らないのではないでしょうか。

リーダー研修等で、「自分に関すること（今までの自分史の中で自分らしさを表すエピソード）を 8 個書き出してください」というワークを行うのですが、半分も書けない人がかなりいます。皆さんはどうでしょうか。いくつ書けますか？

意外と自分自身のことは出てこないことに驚くのではないでしょうか?

　生まれてから何十年もの間、さまざまなことを経験しているにもかかわらず、自分のことは出てこないものなのです。「今まで経験してきた、他の人にはない"あなたならでは"の出来事は何ですか?」「今の自分に成長できたと思える特徴的な出来事や経験として思い当たるものはどんなことでしょうか?」など、問いを具体的にしてもなかなか出てきません。

　それだけ、自分と向き合い、自分を理解することは難しいということです。

　リーダーともなると、日々さまざまなことがあり、いろいろなものが目に飛び込んでくるでしょう。また、リーダーとして、部下やメンバーを見なくてはなりません。チームだけでなく、会社全体を見なくてはいけない、そんな人もいるでしょう。

　そんな中、「自分」のことはつい後回しどころか、見向きもしなかったり、ないがしろにしてしまったりしているリーダーは少なくありません。

　そうせざるを得ないのだと思いますが、自分自身のことをしっかり把握し、コントロールできているからこそ、ニュートラルな姿勢で相手と向き合い、受け入れることができます。

　自分という"人"に興味を持ちましょう。

☑「自分」に意識を向ける

　自己受容を始める前に、オススメのワークがあります。ぜひ、チャレンジしてみてください。

10秒間で、今、あなたがいる部屋（場所）にある「黒いもの」を全部探してください。

このワークは、リーダー研修でよく行うものです。

「10秒差し上げるので、この部屋の中にある黒いものを全部探してください、どうぞ」とお伝えし、一斉に目視で探していただきます。

10秒経ったら、次のお題をお伝えします。このワークには続きがあるのです。

目を閉じて、この部屋（場所）に「赤いもの」はいくつあったか思い起こしてください。

「赤いもの」がいくつあったか、思い浮かびますか？

研修で「赤いものはありましたか」と尋ねると、皆さんぽかーんとされます。「黒いもの」を探すことに集中していたために、「赤いもの」にまったく意識を向けていなかったからです。

このように、「意識すること」を意識することで、焦点が明確になります。つまり、人は見たいもの（見なくてはいけないと考えているもの）を見ているということです。

より強く意識する方向が明確になれば、それを意識して見ることができます。

自分を知るには、"自分に矢印を向け、興味を持つこと"です。どんな時にどんなことを思い、感じるのか。どのような判断で、どういう行動をしがちなのか。日々の自分の行動や気持ちのひとつひとつに意識を向けましょう。そして、「自分はそんなことを思うのか」「自分はこういう時、そう感じるのか」「こんな

判断をする尺度を持っているのか」など、自分に起きたことを
ひとつひとつ受け止めます。

　醜い自分もあれば、頑張っている自分もいるでしょうし、意
外な自分に出会うこともあるでしょう。

　この時、決して批評したり、ダメ出しをしたりしてはいけま
せん。目的は、自分を知り、ありのままの自分を受け入れるこ
とだからです。

　否定から入ると、つい肯定したくなり、事実（過去の体験な
ど）がねじ曲がったり、脚色されたり、偏った見方をしてしまっ
たりなど、ありのままを受け取りづらくなってしまいます。

　**意識してニュートラルな状態で、ただ観察して、ありのまま
をただ受け止めればいいのです。**

　自己受容がうまくできていないように感じる時は、１日の最
後にその日にあった印象的な出来事を振り返りながら、その時
の自分の状態についてノートに書き出すといいでしょう。自分
のことを考える時間をあえて持つことで、自分の特徴が垣間見
えてとても学びになります。

部下が持つ「資源」を活かす

☑ 部下やメンバーを信頼し、向き合うことで 成長を導ける

　ダイエットをする時、成果を出している人は、体質や生活リズムに合ったやり方を選んで、無理なく、持続的・継続的に取り組む人です。

　筋トレも、どこをどうしたいか、どうしたら自分にとってより良い体に仕上げられるか、体質や体の状況によってゴール設定を明確にし、プロトレーナーの指導の下、トレーニング内容を変えながら、その時に必要なトレーニングを柔軟に選びながら、成果を出しているでしょう。

　チームも同じです。メンバー1人ひとりの特性や思考癖を知り、そのうえで、どうしたら成長ができるか、モチベーションを上げられるか、どこにゴールを設定したらやる気になるのかをリーダーとメンバーとで一緒に考えることで、メンバー1人ひとりを、さらにはチーム全体を効果的に伸ばすことができます。

　この時、部下やメンバーに対して「他者受容」ができていると、相手の現在地を理解したうえでの効果的な対応を考えることができます。また、部下やメンバーも、自分のありのままを受け止めてくれるリーダーの言葉ですから、叱咤激励であった

としても素直に受け入れることができ、改善行動へシフトすることができるのです。

　お互いの信頼が成長の度合いにも比例してくるのです。

☑ 必要な「資源」はすでにその人が持っている

　実はもう1つ、他者受容をすると良い理由があります。

　部下やメンバーを導く際、つい、リーダーの頭の中にある業務上、「良い人材」を念頭にアドバイスをしてしまいがちです。それは、往々にして会社や組織にとって効率的な良い人材です。そうすることが、これまでは正しかったからです。

　ですが、今は多様性の時代。会社や組織に合わせて部下やメンバーを動かすのではなく、部下やメンバーの個性を引き出し、その人が持つ力を最大限伸ばし、結集することで、会社や組織の目的・目標達成につながるチームをリーダーが育て、結果を出すという流れが今のスタンダードになりつつあります。これを“インクルージョン的チーム”と言います。

　ディズニーランドの名物に、カストーディアルがほうきの先に水をつけてミッキーマウスなどの絵を地面に描く「カストーディアル・アート」があります。

　今でこそ公式のサービスとなっていますが、元々は現場のキャストの方のアイデアから生まれました。それも、本国アメリカでなく、日本のいちキャストからアイデアが生まれたことを知っていますか？

　今では、日本だけでなく世界中のパークでカストーディアル・アートが行われ、人気のパフォーマンスになっています。とて

も夢のある話ですよね。

このように、テーマパークでは、役職関係なくスタッフ 1 人ひとりの個性や能力を最大限発揮できるよう、リーダーが現場から生まれる貴重なアイデアを尊重し、企業側・お客様側の両方にメリットがある良いアイデアであれば、パーク全体のサービスとして活かすことが少なくありません。

現場だからこそ生まれた貴重な技術や特性を活かし、それぞれが持つ力を最大限伸ばしたことで、パーク自体も組織としてさらに強化・成長できたというわけです。

部下やメンバーがそれぞれ違う特性を持っているということは、たくさんの「資源」をそれぞれが特徴的に持っているということでもあります。

リーダーであるあなたが持っていない「資源」を部下やメンバーが持っていることだってあります。

リーダーは、ただそのことを受容し、資源を見極め、その人から引き出し、部下の能力を活用する機会をつくり出すことで、部下やメンバー、チーム、組織を成長させることができるのです。

部下やメンバーを受け入れる

☑ 人はいつでも最善を尽くしている

　リーダーとして部下やメンバーを観察すると、できていること以上に、できていないところに目が行ってしまう、なんてことはないでしょうか。

　また、「こうすればもっと良くなるのに」という改良点に気づき、アドバイスしたくなるはずです。

　だからと言って、決して意地悪な気持ちで自分の型にはめようということではなく、正しく育ててあげなくては、チームや組織で成果を出さなくては、という責任感などから、「○○をこうすればいいだけです。伝えた通りにやってみよう！」「言われたようにやってみて。うまくいくはずだから」などと、部下やメンバーにアドバイスや指示を与えてしまっては、受容しているとは言えないでしょう。それどころか、相手の頑張りを否定してしまうことになりかねません。

　リーダーとして、1つ心に留めておいてほしいことがあります。

　それは、「人はいつでも最善を尽くしている」ということです。

　ケンブリッジ大学のバーバラ・サハキアン教授の研究によると、人は1日に最大3万5000回の決断をしているそうです。

　どんな行動をとるか、どんな言葉を発するか、何をして何を
やらないか——。

　人はそのほとんどで、その人のできる最高と思われる、最善
と思われる選択をし、行動しています。失敗やミスは、あくま
で結果であって、人はいつでも最善を尽くしているのです。

　部下やメンバーも同じです。

　リーダーとしては彼らの言動に対し心許ないところもあるで
しょうが、最善を尽くしている彼らを否定することがあっては
なりません。

　逆の立場で考えてみてください。あなたが最善を尽くしてた
どり着いた答えを頭ごなしに否定されたり、たいして検討もし
てもらえないまま改善の指示をされたりしたら、やる気をそが
れてしまいませんか？

　まずは、彼らの「最善」をいったん受け入れましょう。

☑ すべての行動は肯定的意図によって起きる

　リーダーの仕事は、部下やメンバーを成長させることなのに、
部下やメンバーの選択を受け入れているばかりでは前に進まな
いのでは？ と思うかもしれません。

　もちろん、受け入れるだけでは成長に結びつかないため、彼
らが見つけられなかった「最善」に導く必要があります。

　ただ、この「受容」があることで、自分を尊重されたと感じ、
部下やメンバーの成長への意欲が変わるのです。

　なぜなら、「受容」をすることで、彼らの思いや考え、行動を「肯
定」することになるからです。

　部下やメンバーの考えや行動を受け入れた後、他の選択肢が

71

あることを気づかせていきます。

気づかせる時に大事なのは、視座、視野、視点です。

第1章でもお話ししましたが、視座が低い人は視野が狭く、選択肢が少ししか見えず、そこから選ぶほかないのですが、視座が上がると、視野が広がり、それに伴い、選択肢が増えます。

リーダーは、部下よりは視座が高く、部下と視野のギャップが自然とできています。そのギャップを部下側は認識できていません。そしてリーダーもまた、ギャップがあることはわかっていても、ギャップの度合いまでは把握できていないことがほとんどです。

部下やメンバーを受け入れるには、リーダーが部下の現状、つまりは視座の位置を把握し、ギャップを把握することが必要です。

そして、部下やメンバーの状態がわかったうえで、部下にはこう見えているかもしれないが、上司にはこう見えているなどと、それぞれの立場の人が、その状態でどんなことを捉え、考え、見ているのか(視座、視野、視点)を丁寧に伝えていきます。

上司と部下が見えていること(意識し、考え、捉えているポイント)の違いをしっかりと伝えたうえで、他の選択肢を見せていくことで、部下やメンバーも理解しやすくなります。

最初のうちはなかなか伝わらないかもしれません。でもそれは、部下やメンバーにとって、自分のいる視座から見えることがすべてであり、当たり前だからです。

そのことも受け入れ、繰り返し伝えていくうちに、相手がどの視座で物事を捉え、考え、見ているのか、役職や役割ごとの思考癖が見えてくるようになります。

他の選択肢の存在を伝える方法

1　部下の視座まで降りて部下の立場から部下を把握する
2　部下の視座から少し上の視座に誘導をする
3　リーダーとして、それぞれの視座から見えたことを、部下やメンバーに丁寧に説明しながら、そのギャップを伝える

　視座、視野、視点を柔軟に移動できるようになるというわけです。これが習慣になれば、相手の言葉を正面から捉えやすくなります。

　部下やメンバーが自分の視座でしかものを見ることができないと、いくらリーダーが部下やメンバーのことを思って発言しても、当事者である部下はその言葉を自分ごととして捉えることができず、成長の機会にはなりません。

　リーダーが自分のことを理解してくれていると感じられるから、部下やメンバーも理解したいと歩み寄ってくれるのです。

　相手がどういう思いや考えで言葉を発し、行動をしているのか、ひとりの人間として感じ、自分で考えて判断を下し、動くことができるようになることで、リーダーの思いを受け取れるようになるのです。

「すべての行動は肯定的意図によって起きる」。これは、私がテーマパークをはじめ、これまでリーダーについて学び、実際にリーダーを務めてきた中で学んだことです。

　あなたが肯定的に対応することで、さまざまなことが前向きに動くのです。

リーダー思考を浸透させる

☑ リーダー思考を支える４つの癖

　リーダーに必要なのは、特別な才能ではなく、「リーダーシップ」を発揮できるかどうかだと、最初にお伝えしました。「リーダーシップ」を発揮するには知識を身につけることももちろん大事ですが、なにより大事なのが、リーダーマインド、リーダー思考を自身に浸透させることにより、あなたのリーダー力、つまり、リーダー思考の質を高めていくことです。

　思考というと考え方だけを調整・習得していけばよいように思うかもしれませんが、思考はさまざまなものから影響を受け、また与えます。

　思考が変われば感情が変わり、感情が変われば、思考が感情に影響され、その思考・感情を表現する行動に変わり、行動から生まれる体験から言葉が変わるのです。
「感情」「行動」「体験」が「思考」にどのような影響を与え合うのか、その関係性（癖）をまとめたのが次ページの図です。

　通常は、状況を主観的に判断し、その場に相応しい全体最適な対応ができているのですが、強いプレッシャーを受けている時や過度に忙しい時など、特別な状況下では歪みが生じます。

　ネガティブな感情や不安感、不信感が強まり、後ろ向きで非

思考に影響を及ぼす 4 つの癖

感情の癖 ← 物事の見方、考え方、捉え方による感情の変化

思考の癖 ← 大きな影響力を発揮

ポジティブ思考による行動の質

行動の癖 ← ネガティブ思考による行動の質

行動の質の高さ（成果）からの口ぐせ

口(言葉の)癖 ← 行動の質の低さ（やっつけ）からの口ぐせ

生産的な行動をしてしまったり、考え方に何らかの偏りが起きて、自分だけの視点でどこか配慮が欠けているような部分最適な発想や行動をしてしまったり……。

　人間は感情の生き物であると言われるのも、この仕組みが関係しているでしょう。

　ただし、リーダーとしては、悲観的・悲愴的になりすぎたり、かといって楽観的になりすぎたりすると、部下やメンバーに負担や良くない影響を与えかねません。

　リーダーは常に冷静に全体最適の視座から仲間を支援することが求められます。

　では、この 4 つの癖メソッドに関して、どのように考え、相手と接する際に意識して発信したらよいのか詳しく見ていきましょう。

☑ ４つの癖メソッド１　思考の癖

　思考癖とは、わかりやすく言えば、自分が日頃どのような考え方をするのかということです。思考癖については、これまでにもお話ししてきていますので、振り返ってみてください。

　思考の癖（思考癖）…その人の根幹になるもの
　　　　　　　　　　　感情、行動、口の癖に影響を与える
　　　　　　　　　　　感情から影響を受けることも

　人材育成とは、自分の内側にある悪しき習慣（マイナス思考癖）を断ち切り、良き習慣（プラス思考癖）に書き換えることです。

　研修でも多く扱うのが、この「思考」の領域です。
「自分自身が何をどのように見て、考え、捉えているのか」という思考は、普段意識しないまま、ごく当たり前に行動していることも少なくありません。

　リーダーは、言葉で説明するだけでなく、スタッフに寄り添いながら、スタッフの思考癖を外からしっかりと観察し、気づいたことは伝えていくことです。

　以外と自分自身は良き癖だと思っていることが、リーダーの視座からみると、そのスタッフの可能性を狭めてしまう悪い癖に捉えられることもあります。

　自分がプラス（ポジティブ）に物事を捉えがちなのか、マイナス（ネガティブ）に物事を捉えがちなのか、できる前提で解決手段を探すのか、できない前提でできない理由を見つけ出すのかなど、普段、物事をどんなふうに考えているか、日々の仕事の仕方から把握しておきましょう。

思考癖のパターンをチェック

ポジティブ		ネガティブ
できる前提		できない前提
どうしたらできるのかを考える	VS.	できない理由を考え、やらないことの正当化を考える
自分が影響できる		自分の力では影響できない
自分主体（自分に理由）		相手主体（相手に理由）
全体最適		部分最適

　思考癖を熟知し、マネジメントできれば、感情に大きく強く影響を与えることができ、感情が整うと、さらなる思考が強化され、思考によって私たちの行動の質をコントロールできるようになるのです。

☑ 4つの癖メソッド2　感情の癖

　感情の癖とは、私たちの思考を強化し、その行動や言葉に大きく影響するもとになるものです。

　感情の癖……思考の癖によって、大きく影響を受けて動く
　　　　　　　思考や行動、言葉に大きな影響を与える

　自分がどのような思考からどのような感情を抱きやすいのかを知っておくだけで、実はとても楽になります。自分に余裕がある時ではなく、自分が切羽詰まった時、強いプレッシャーを感じた時など、（あなたの思考癖の影響を受けて）突発的に湧き出る感情はどのようなものが多いのか、自分の感情に意識を

向けるようにしましょう。

　感情の癖をつかみ、意識的に制御できるようになると、プレッシャーに強くなったり、いざという時も冷静にいられたりします。自分を成長させる感情（嬉しい、楽しい、幸せ、気持ちいい、スッキリ、爽快、愉快、心地よい、ありがたい、ワクワクする　など）を意識的に生み出すこともできます。

☑ ４つの癖メソッド３　行動の癖

　行動の癖とは、日々の行動習慣を指します。

> **行動の癖**……思考や感情の癖から影響を受け、目に見える状
>   態として表れたもの
>   言葉に大きな影響を与える

　人は、自らの思考や感情に裏打ちされた行動をとります。

　嫌なことがあり、どうしても気分が乗らない時、行動が雑になってしまったことはありませんか？　普段しないようなケアレスミスを起こしたり、慣れている仕事であってもいつもの結果・成果さえも出せなかったり、途中でやめてしまいたくなった経験がある人もいるのではないでしょうか。

　反対に、やりがいがあると感じたり、褒められて嬉しかったりした時、率先して創意工夫してみたり、普段以上の力を発揮できたりしたことはありませんか？

　思考や感情が後ろ向きな状態だと、後ろ向きな行動をとってしまい、思考や感情が前向きな状態だと、前向きな行動を自然にとってしまうというわけです。

　つまり、部下やメンバーに仕事に対して前向きに取り組んでも

らうには、前向きな思考や感情を持たせることが大切なのです。

☑ 4つの癖メソッド4　口(言葉の)癖

口(言葉の)癖とは、行動から生み出される実体験によって、気づいたこと、学んだこと(教訓)、感じたこと(経験)を表現することです。

口(言葉の)癖……行動によって生み出された体験から感じ
　　　　　　　　る状態を表現するもの
　　　　　　　　言葉の選び方の特徴・習慣

自分の発する声は、自分がいちばん近くで聞いています。

自分の発する声(言葉の内容)がポジティブなものだと、感情がポジティブになります。

また、実体験から生み出された内容の場合、自分の声を自分でリマインド(復唱)することになり、実体験が反復され、脳は2倍の体験を積むことになります。

これをアファメーションと言い、意識することで生み出すことができます。前向きな言葉は、意識して発信することで、感情がプラスに強化され、自信が満ち溢れるような前向きで活動的になります。

「思考」を含めたこれら4つの癖をリーダーとして熟知し、意識して接することによって、部下やメンバーに、考える機会や気づく機会をより効果的に与え、最大の成果を出してもらえるようなマネジメントが可能になります。リーダー思考を自身に浸透させた状態と言えるでしょう。

第 3 章

「場」のマジックで
パフォーマンスを
上げる
〜場づくり〜

For new leaders

USJに行かれたことのある方は、その時のことをちょっと思い出してみてください。

USJには、10のエリアがあり、それぞれテーマが違い、演出も違います。

たとえばジュラシック・パークエリアでは、亜熱帯の大きな木が植えられ、まるで、そこに恐竜がいたかのような足跡を見つけることができたり、映画『ジュラシック・パーク』の世界を再現し、恐竜がいた時代を思わせる『ジュラシック・パーク』の映画音楽が流れていますし、ウィザーディング・ワールド・オブ・ハリー・ポッター™エリアは、入り口がうっそうとした森になっており、『ハリー・ポッター』の映画音楽が流れてきます。

ゲストは、そのエリアの特徴を存分に楽しみ、過ごし方を変えています。衣装に着替え、キャラクターになりきって楽しまれる方もいらっしゃいます。

なぜここまでエリアの独立性が保たれているのか、それは「場づくり」を徹底しているからです。

エリアとエリアの間に何もない空間をつくったり、音楽の音量を下げたり、エリア間の橋の上では音楽を流していないところもあります。そうすることで、ゲストの頭や心のスイッチを切り替えているのです。

クルーも同じです。配置された「場（エリア）」の登場人物という役割を与えられることで、その役割を果たしています。

テーマパークは、その名の通り「場づくり」のプロです。

「場づくり」のプロの在り方から、仕事の「場づくり」について考えてみましょう。

人はやり方より
「場」に影響される

☑ 環境が変わると人も変わる

仕事が思うようにはかどらない時、カフェに移動して続きを始めたら面白いほどに仕事がはかどった、そんな経験はありませんか。

普段は社内の会議室で打ち合わせをしている仕事相手とカフェで打ち合わせをしたところ、考えられないほど会話が弾み、びっくりしたことはありませんか。

場所が変わっただけなのに、なぜこうした変化が起きるのでしょう。

それは、人は自分がいる「場」の影響を大きく受けるからです。時には、その人の性格や在り方を変えてしまうこともあります。

ある上場企業では、毎年、経営陣だけで地方の温泉宿に3泊4日で合宿に出かけます。そこで、これから会社をどのようにしていくかを話し合うのだそうです。

地方の温泉街なんてのんびりした場所で過ごしていたら、ダラダラしてしまい、会社の方針を話すには不向きではないか、と思う人も多いでしょう。

でもその会社の社長は、そのことをわかったうえで、地方の

温泉宿という「場」を選んでいました。

　いつもの業務の延長で、かしこまって会議室で話すのではなく、ダラダラして気が緩み、日々の疲れがとれ、頭も柔軟になった状態の経営陣と腹を割って、本音で、そして自由な発想で、会社のこれからについて話したいからです。未来のことを話すのに、日常の「場」で話していては、地に足がつきすぎた会話になり、新しいチャレンジができず、会社が停滞してしまうことを恐れたのです。

　社長が起業して十数年が経ちますが、時には無茶ではないかと思われるような挑戦をしながら、この会社は成長を続け、上場企業となりました。この躍進を支えているのが、この温泉宿での経営陣合宿にあることは言うまでもないでしょう。

☑ 1つの「場」でさまざまな効果を持たせることもできる

　さて、お待たせしました。場づくりのプロ、いえ天才であるディズニーランドのお話をさせていただきましょう。

　ディズニーランドのパーク内に入ると、キャラクターの耳がついたカチューシャを頭に付けたり、キャラクターのドレスを着たりと、思うままにディズニーの世界を楽しんでいるゲストの方が多くいらっしゃいます。

　おそらく普段の生活ではそんなことをされないようなご年齢の男性も、嬉しそうにグッズを身につけ楽しんでいます。

　ディズニーランドという「場」が、人々をそうさせているのです。「場」のマジックと言ってもいいでしょう。

ディズニーランドでは、そこで働くキャストもまた、「場」のマジックにかかっています。

　キャストの中には、人見知りで見ず知らずの人に声をかけることも、大きな声を出すことも苦手だという人もいます。

　ところが、コスチューム（制服）を身につけたとたん明るく元気なディズニーランドの登場人物になり、ゲストにもキャストにも自ら声をかけ、楽しい時間を提供しています。

　本人に話を聞いてみると、無理やり頑張っているわけではなく、「自然とそうなってしまう」のだそうです。

　ディズニーランドでは、徹底して「場」づくりをしています。それは、ゲストに対してだけでなく、キャストに対しても行われています。

　職場がワクワクできる「場」だからこそ、キャストは仕事にやりがいを持ち、人見知りであっても、役割を演じ切ることができているのです。

☑「場」がネガティブな効果を生み出すこともある

　一方で、やりたい仕事に就けたのに、なかなか仕事がうまくいかない、集中できない。そんなこともあります。

　それもまた、「場」が要因となっていることが考えられます。

　会社に1歩入ったとたん気持ちが重たくなる、会社を1歩出たとたん気持ちが軽くなる、といったことが起きているようであれば、会社という「場」が、その部下やメンバーにネガティブに働いているということです。

　そう感じる要因はひとつひとつ違っていても、そのネガティ

ブな要因も含めて、会社という「場」ができあがってしまっているというわけです。そのため、ネガティブな要因だけを取り除いても、会社という「場」全体の在り方が変わっていないと、部下やメンバーに与える影響が変わらずネガティブに働き続けることも起こり得ます。

　会社という「場」自体を見直す必要があるということです。

　視点を変えると、どういう組織にしたいかを踏まえて、会社という「場」をつくることで、部下やメンバーを導くことができるということです。

　実際、会社や職場の「場」づくりを意識し、徹底して取り組んだことで、会社のパフォーマンスを上げた例もあります。

　本章では、「場」づくりについて、テーマパーク以外の企業・組織などの事例も紹介しながら、学んでいきましょう。

場づくりはリーダーの思いから始まる

☑ 所属している「場」が感情、思考、行動をつくる

「場」とは、私たちが存在し、所属しているところ（場所。仕事なら職場）、お客様でいえば、サービスを体験しているところ（場所）を指します。

ディズニーランドやＵＳＪではパーク内外（お客様がいる現場、スタッフが準備するバックヤードの場）が「場」となります。

人は、物事を記憶する際、その「場」の印象もセットで記憶します。そして、その印象に基づいてそれぞれの「場」に自らの感情、思考、行動も影響されるという特徴があります。

人は、その意味づけた印象を軸として、そこにあるもの、そこで行われていることが、相応しいのか、相応しくないのかを感じ取ります。つまり、自らの感情、思考、行動も「場」に影響されるという特徴があります。

本書でいう「場」の構成要素は、言うまでもなく、場所や施設、デスクやイス、棚などといった目に見える環境だけではありません。服装（ユニフォーム）や照明の光度などの道具（ツール）や、そこにいる人々（メンバー）、雰囲気、熱意、考え方、判断基準、伝統、文化などといった目に見えないものも含みます。そこにあるエネルギー、空気とお伝えしたほうがイメージできるでしょうか。

場づくりの流れ

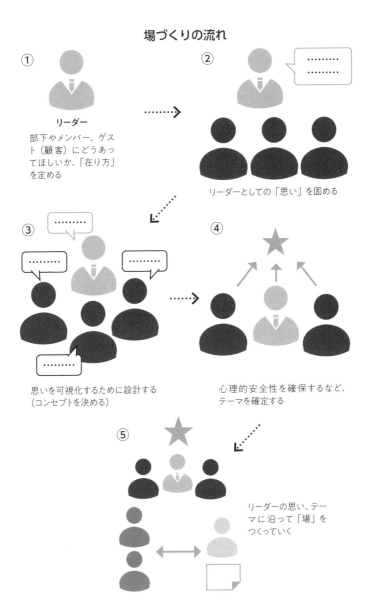

① リーダー
部下やメンバー、ゲスト（顧客）にどうあってほしいか、「在り方」を定める

② リーダーとしての「思い」を固める

③ 思いを可視化するために設計する（コンセプトを決める）

④ 心理的安全性を確保するなど、テーマを確定する

⑤ リーダーの思い、テーマに沿って「場」をつくっていく

例えば、バーベキュー場などでゴミの大量放置が問題になっているのに、ディズニーランドではゴミ問題が起きないのは、なぜでしょう。

「カストーディアルがゴミを拾っているため、溜まらないからではないか」と思うかもしれませんが、それは違います。昼はカストーディアルを主とした現場のキャスト、夜はナイトカストーディアルによって常にきれいな状態を意識して保っているため、ゴミを（ゴミ箱以外に）置いていこうとゲストが思わないのです。それどころか、ゴミが出てしまったらきれいに片付けようという心理的アプローチが働くので、ゴミ問題が起きないどころか、きれいな状態が保てるのです。

「場」の力（エネルギー）によって人の行動は変わるのです。

　実は、ゲストがゴミを置いていかないことも、ディズニーランドは意図して「場」づくりをしています。「場」の力をわかったうえで、それを最大限活用するためにどうするかを考え、形にしているのです。

　ディズニーランドは「場」づくりの天才と言っていいでしょう。

☑ ディズニーランドの「場」づくりは　二重構造になっている

　先ほど、ディズニーランドは、ゲストとキャスト、それぞれへの場づくりをしているというお話をしました。

　ゲストにワクワクしながら過ごしてほしい、キャストにワクワクしながら仕事を楽しんでほしい、そんなリーダーの「思い」を表現したのが、あの徹底した特別な世界感なのです。

　そのため、ゲストは「日常」を忘れ、普段の自分を忘れて、ディズニーランドという「非日常」にいる時間を存分に楽しんでしまい、キャストは自然と無意識のうちに、最高のサービスを提供してしまうのです。

　1つの「場」で、ゲストからもキャストからも最高のパフォーマンスを引き出す、二重構造を実現しているのです。

「場」づくりは、さまざまな意思、意図、思いを結集して実現することもできるのです。

☑「場」づくりを支える3つの柱

　リーダーの仕事は、"部下やメンバーの心に炎を灯すこと"だと、第1章でお話ししました。

　職場でメンバー（同僚）と一緒に働くことにワクワクしたり、やりがいがあると部下やメンバーに感じてもらうには、「場」づくりが不可欠です。

「場」づくりにおいて、リーダーが行うことは次の3つです。

1　部下やメンバー、ゲスト（顧客）にどうあってほしいか、「在り方」を定める
2　リーダーとしての「思い」を固め、設計する（コンセプトを決める）
3　心理的安全性を確保する

　この3つに沿って、リーダーは、仕事をする「場」がどうあればよいかを考え、具現化していきましょう。

　それぞれのポイントについて、説明していきます。

「在り方」を定める

☑「場」づくりをスタッフと共に行っている
　スターバックス

　スターバックスで仕事や勉強をしたことのある人は多いで
しょう。

　私も待ち合わせや仕事の時間調整等で時折訪れるのですが、
昼夜問わず、一人で来店して仕事や勉強をしている人をよく見
かけます。

　スターバックスはさまざまな立地に出店していますが、お店
のつくり方は、徹底して統一されています。

　**お客様にとって、自宅（ファーストプレイス）でも職場（セ
カンドプレイス）でもない３番目の居場所「サードプレイス」
となるように、創業者のハワード・シュルツが決めた明確なコ
ンセプト、在り方を守っているからです。**

　その「在り方」に基づいて、スタッフもきめ細かい気遣いや
声かけを行い、落ち着いてリラックスできる雰囲気を演出して
いるため、チェーン店にもかかわらず常連が存在するなど、支
持されているのでしょう。

　また、そういうスターバックスという「場」で働くことに意
義を感じ、より良い「場」にするために、スタッフが意見を出
し合うなど、やりがいのある「職場」となっています。

　スターバックスは、「場」をうまく活用してスタッフの育成を行っていると言えるでしょう。

☑「自由」を提供することで一丸となったピクサー

　ディズニーランドもスターバックスも、接客業だからできることなのではないか、そう思うかもしれません。

　もう1つ、事例を紹介しましょう。

　ディズニーの系列会社にピクサー（正式名：ピクサー・アニメーション・スタジオ＜ Pixar Animation Studios ＞）というアニメ制作会社があります（2006 年よりウォルト・ディズニー・カンパニーの完全子会社）。ディズニーランドの大人気アトラクション「トイ・ストーリー」の映画を制作した会社といえばおわかりいただけるでしょうか。

　ピクサーは、スティーブ・ジョブズがある会社の一部門を買ってつくった会社です。この会社もかなりユニークなことで有名です。

　社員は入社初日から個室が与えられ、その部屋のデコレーションを自由に行うことができます。模様替えももちろんＯＫです。

　また、公式に「昼寝」を認可しています。社員自らやる気が起きた時に仕事をすることで、その人の能力を最大限発揮してもらいたいと考えているからです。

　社屋のところどころに、ミニ会議室やキッチン、郵便集配所などのタッチ・ポイントを設け、社員同士が出会い、話をする機会が得られるようにしています。会話をすることで、アイデ

アを磨いたり、ミックスしたりすることにつながるからです。

　ほかにも、社屋でしか買えないオリジナルグッズを用意したり、社内だけで掲示されるピクサー作品のポスターをつくったり、社内講座として他部署の社員と共に学ぶ場や遊ぶ場を設けたりもしています。

　このような「場」づくりをした結果、ピクサーは仲間意識が強い、１つの共同体となっています。
「最高の仕事は他者を助けることで達成されるという事実を全員が正しく理解している」と東海大学経営学博士の岩谷昌樹氏は、自身が作成したピクサーの研究レポート内で述べていますが、まさにその通りだと私も思います。
「自由」を提供することで１つのチームとしてまとまるなんて、不思議に感じるかもしれませんが、チームとしてどうありたいかを意識して「場」をつくれば、ありたい方向にもっていくことができるのです。

☑「在り方」をどう考えるか

　チーム、組織としてどうありたいか。
　改めて尋ねられると、難しく思うかもしれません。
　リーダーとして考えるべき「在り方」とは、あなた（リーダー自身）やそのチーム全体で大切にすべき価値観であり、相手に表現し、届ける私たちならではの価値「〜らしさ」です。
　まず、リーダーとして、部下やメンバーにどんなふうに仕事をしてほしいか、いずれどんなふうになってほしいか、どういう成果をあげたいか、顧客であるゲストたちに"私たちらしさ"

92

を発揮することで、どんな体験をしてほしいか、どのような世界を感じてほしいのかなど、この「場」の価値を考えます。

　次に、上記の内容を踏まえて、会社として、組織として、具体的にどんな状態をつくると上記の状態が再現できるのかをチューニングし、その状態をつくり出すうえで、これだけは守るべきこと、信条などを考えます。

　また、具体的な状態を再現するために、ボトルネックになっている自分たちが抱えている課題、良くない状況なども洗い出しをします。

　うまくいっている他社を参考にするのも、もちろん１つの手ですが、自分たちの状況改善や課題解決を担っているので、見様見真似で行うのはオススメしません。

　プロジェクトごとに「場」づくりができるようになるといいでしょう。

「思い」を固める（設計する）

☑ どんな「思い」でつくるかによって 「場」の効力は変わる

　場づくりの２つ目の要素は「思い」を可視化することです。「在り方」を実践するために何ができればいいか、そのことを具現化するためにはどうすればいいか、リーダーとして部下やメンバーに対し、できることは何かを考え、発信できるまで磨きます。

　思いを固める（設計する）うえで大事なことは、"解像度を高める"ことです。

　例えば、最近は高解像度のカメラを内蔵しているスマートフォンで鮮明な写真が撮れるうえに、拡大して使用することも可能です。

　解像度が低いカメラだと、写真を拡大するとモザイクのような点が目立つ、細かいところがぼやけたような荒い画像ができあがってきます。

　この差は何かというと、解像度という写真を撮る際の情報量の違いです。

　発信するまで磨くというのは、解像度の高い写真のように、ゴールを細かいところまで明確にし、具体的に言葉に可視化していくということです。曖昧な状態のゴールでは、どんなに目

指しても曖昧な行動しか生み出しません。

　つまり、より具体的に詳細な情報にて表現することです。

　ある会社では、社員が自分の意見や考えを臆することなく話せるようにと、社内にある３つの会議室をまったく違う「場」にしました。

　１つはビビッドなオレンジの壁、１つは晴天の空と雲の壁で、ところどころにグリーンを置き、残りの１つは白い壁で、コーポレートカラーのレモン色のイスや小物があちこちに置かれています。

　それぞれの会議室のコンセプトは、次のようなリーダーの「思い」でした。

・ビビッドなオレンジの壁の部屋……元気になる色に刺激され、社員に会議の場をポジティブに活用してほしいという「思い」

・晴天の空と雲の壁の部屋……リラックスして感性を豊かにし、気負うことなくアイデアを言えるような会議をしてほしいという「思い」

・白い壁の部屋……他社の方との交渉時や会社としての方針を決める時など、一個人でなく会社の代表として立ち振る舞う必要がある場合に使い、会社の代表として活躍してほしい（託した！）という「思い」

　社員たちは、会議室を使う際、「どこを使うと、より良い結果が得られそうか」を考えることになるため、会議が始まる前から、会議に対して前向きな状態になります。実際、意見がまったく出ないという会議はなくなったそうです。リーダーの「思い」がしっかり「場」を通して伝わっているというわけです。

この会社の会議室は、元々白い壁の普通の会議室でした。ただ、会議が形骸化してしまっていて、ひと言も発しない社員がいたり、会議自体を苦痛に感じる社員がいたりしたため、何とか（会議にこだわらずとも）活発に意見のやりとりを行い、社員みんなで共に働き成長していきたいという、リーダーの「思い」から、会議室を変えることから始めたのだそうです。
「思い」を固めると、今やるべきことが見えてくるというわけです。
　このように、リーダーがどのような「思い」を込めて場をデザインするかによって、部下やメンバーの動き方（行動）がその場に相応しいものに変わってくるということです。

☑ 場をうまく活用することでより効果が上がる

　リーダーは、部下やメンバーに自信をつけさせるために「場」を活用することもできます。
　私がチームづくりにおいて大事にしているのが、部下やメンバーに対して、フィードバックならぬフィードフォワードを行うことです。
　フィードバックが、相手の行動に対して改善点や評価を伝え、軌道修正を促すのに対し、フィードフォワードは、未来を見据えたアドバイスを重点的に行うコミュニケーションです。
　共に働き、成長する仲間としてお互いにフィードフォワードを行うことで、ダメ出しされることがないため、部下やメンバーもお互いの反応に恐れることがなくなり、どんどん自由に発言し、行動できるようになります。

　また、部下やメンバーが成果を出した時は、あえて仲間のいる場で承認し、反対に、部下やメンバーがうまくできずに失敗した時は、仲間のいない場、職場とは違う場で指導をします。

　人は「場」に影響されるので、うまくいったこと、上長から承認されたことを仲間やお客様に知ってもらい、「よかったね」などと承認されると、嬉しさが倍増し、その「場」がポジティブな印象で記憶されます。その体験を繰り返すことで、仲間と共に働く「場」では、何事にも自信を持って、前向きに行動できるようになるのです。

　指導する（叱る）のを職場ではないところで行う理由も同じです。職場ではなく、また、仲間がいないところで行うと、問題に直面でき、さらにその「場」に記憶が残ります。

　うまくないリーダーは、いつも同じところで指導して（叱って）しまうので、部下は、その場にネガティブな記憶を残してしまい、知らず知らずのうちに、その場を訪れると同時にネガティブな気持ちや考え方に自動反応を起こし、成果を発揮しづらい（行動が遅くなったり、できなくなったりする）場をつくってしまっているのです。

　そのくらい「場」には力があるので、その場をリーダーとしてどのようにデザインするのかが、リーダーの腕の見せどころの1つなのです。

心理的安全性を確保する

☑「場」の効力は心理的安全性の確保によって 強くなる

　場づくりをする際、最も気をつけなくてはならないのが「人」にネガティブな影響を与えないようにすることです。

　部下やメンバーにとってより良い「場」をつくろうとするために、リーダーが求める「在り方」や「思い」が強すぎて、かえって部下やメンバーに負担をかけてしまう状況になってしまうことがあります。

　こうなると、部下やメンバーはついていくのに必死で、自ら考えて動くことができなくなり、いつしか疲弊し、仕事が嫌になってしまうなんてことも起こり得ます。

　リーダーとして、「在り方」や「思い」を固めたら、「部下やメンバーにとってどうか」、つまり「心理的安全性」を備えた場づくりをすることが、部下やメンバーが自ら動くには欠かせないのです。

「心理的安全性」とは、ハーバード大学教授であり、組織行動学の研究者エイミー・エドモンドソンによって提唱されたものです。

　この「心理的安全性」が高ければ高いほど、人は安心して発

言も行動も自由にでき、パフォーマンスが上がることが、数々
の研究等でわかっています。

　ここ近年、ミスをすることや間違えることに対して強い恐怖
心を抱く人が増えています。そのため、日本でも職場での「心
理的安全性」が強く求められるようになってきました。
　エドモンドソンのレポート等によると、心理的安全性が確保
されている状態とは、他のメンバーが、自分の発言を恥じたり、
否定したり、罰を与えたりしないという確信を持つことができ、
チームは安全な場所であるという信念がメンバー間で共有され
た状態とされています。
（Edmondson, A. (1999). Psychological safety and learning behavior in
work teams. Administrative Science Quarterly）

　自分に自信がある人は、そう多くありません。自分に自信が
持てない部下やメンバーにとって、自分で考えて動くことは、
勇気が必要です。
　「場」が整ったとしても、それが自分にとって良い「場」だと
頭で理解できたとしても、心から安心を感じることのできる
「場」でないと、やはり躊躇してしまいます。
　働く人にとって、伸び伸び自由にいられる「場」はそんなに
多くありません。「心理的安全性」を確保することによって、
部下やメンバーにとって、チームという「場」が自分を支えて
くれる大事な場所になります。

☑「部下やメンバーのため」を常に念頭に置く

　ディズニーランドに遊びに行った際、ゲストであるお客様は、

そこにいる人や、そこで見えるものすべてから、ディズニーランドらしさを身体いっぱいに感じながら、その場に埋没していきます。

　普段あまり笑顔がない人でも、ディズニーランドにいる時は、いつも以上に笑顔が自然と出ちゃうのも、その１つと言えるでしょう。

　人は場に影響される生き物なので、その場が笑顔いっぱい、元気いっぱい、アイコンタクトばっちり、親切な対応の人が当たり前にいるところでは、ゲストであるお客様もその空気感に影響され、同じような立ち振る舞いをしたくなります。

　ディズニーランドには、「夢が叶う場所」「ハピネスを体感できる場所」「親と子どもが一緒に楽しめる場所であるべきだ！」といったテーマが設定されています。

　キャストは、どうすればゲストに楽しんでもらえるか、ハピネスを体感してもらえるかを常に考え、対応します。それが、笑顔であり、アイコンタクトであり、親切な声かけなのです。だからこそ、ゲストが自然と笑顔になるのです。

　職場の場づくりのテーマは、「部下やメンバーが、伸び伸びと高いパフォーマンスを発揮できる心理的安全性を確保する」ことが柱となります。

「心理的安全性」を確保した「場」にするには、「部下やメンバーのため」を常に念頭に置いて判断することです。

「これは部下やメンバーのためになるだろうか」「これは部下やメンバーのためにならないかも」と、リーダーが思いを具現化していく中で、何かを決める都度、自分に問いかけ、周りに確認し、照らし合わせることで、部下やメンバーのための場を

保ち続けることができます。

「在り方」「思い」「心理的安全性」をリーダーが意識して場を
つくり出せるようになると、リーダーとして実現したい理想的
な場づくりを意図的に再現できるようになります。

　そうすることで、その場で働くすべての人にとって、その人
の最大のパフォーマンスを発揮することができたり、その場の
意図を体験する人にとって、とても居心地の良い、ポジティブ
な記憶が残ったりするような素晴らしい場が生まれるのです。

「場」と「人」をデザインする

☑「場」と連動していないと「人」は落ち着かない

　誰かが意図した「場」と「人」がつながることを、私は「デザイン・インテント」とネーミングしています。

　どんなに「場」が魅力的であっても、その「場」で活躍してほしい「人」と合わなければ意味がありません。「人」のために「場」がなければならないからです。

「場」と「人」がつながるとはどういうことか、2つのファーストフード店の例でお話ししましょう。

　マクドナルドで「10分ほどお待ちください」と言われたら、あなたは素直に待てるでしょうか。「え？　なんで、そんなに待たなきゃいけないの？」と、不快な気持ちを抱いてしまいませんか？

　では、モスバーガーで「10分ほどお待ちください」と言われたら、どうでしょう。マクドナルドよりは受け入れられるのではないですか？

　なぜ、同じ申し出に対して反応が変わってしまうのでしょう。

　まず、マクドナルドとモスバーガー、それぞれの「デザイン・インテント」を比べてみましょう。

　マクドナルドは、ベルトコンベア式で効率的に商品をつくっ

ているため、注文されたらスピーディーに提供できるのが強みです。店内のサービスも必要最小限で、使用している野菜も肉も、農家さんなど細かな情報公表はしておらず、お客様の印象として安価でスピーディーに購入できます。このお手軽さを求める人が多く訪れます。

　一方、モスバーガーは、注文を受けてからつくり始め、5分、10分待ちとなることもめずらしくありません。オープンキッチンスタイルの厨房が見えるような店舗デザインのお店も多くあり、調理工程さえも商品であるような仕掛けをして、価格はマクドナルドに比べると高めですが、店舗によってはその日に使用している野菜の産地やメッセージが店頭のボードに手書きで書かれていたりと、安心・安全と健康を意識している客層に人気です。店内は落ち着いた雰囲気で、雑誌や新聞を置いているお店もあり、待つことが苦にならないような機能性を持たせています。

　それぞれ企業としての「在り方」が違うため、当然、「場」をデザインする意図も違います。結果、「場」と「人」とのつながり方も異なり、先ほどのように同じ申し出であっても受けるイメージや反応が違ってしまうのです。

☑「デザイン・インテント」の絶対ルール

「デザイン・インテント」にあたって、守らなくてはいけないことがあります。それは、「テーマを守る」ことです。

　ここでいうテーマとは、企業やブランドの「こだわり」、チームや組織の「カラー」などのことを指します。

新しいことに取り組む際、たくさんの選択肢の中から選び、取り入れていくことでしょう。

　ですが、**現状とあまりにかけ離れているものを取り入れると、齟齬が生じ、それが亀裂の原因になってしまうこともあります。**

　例えば、ディズニーランドにリラックマ（サンエックスのキャラクター）が登場したら、興ざめしてしまうのではないでしょうか。ディズニーランドにあるものは、ディズニーランドにありそうなもの、いそうな存在でなくてはならないからです。

　先ほどのマクドナルドの事例は、テーマと違う申し出だったために、不快な気持ちが生まれてしまったというわけです。

　テーマを徹底的に守ることで、業界ではありえないはずの「デザイン・インテント」が成功しているホテルがあります。

　ザ・リッツ・カールトンホテルです。

　ここは、通常あるはずの案内板がどこにも設置されていません。

「私たちは、お客様に心あたたまる、くつろいだ、そして洗練された雰囲気を常にお楽しみいただくために最高のパーソナル・サービスと施設を提供することをお約束します。

　リッツ・カールトンでお客様が経験されるもの、それは感覚を満たすここちよさ、満ち足りた幸福感、そしてお客様が言葉にされない願望やニーズをも先読みしておこたえするサービスの心です」

　これが、「ザ・リッツ・カールトンホテル」のクレド（信条）であり「在り方」です。「最高のパーソナル・サービス」「お客様が言葉にされない願望やニーズをも先読みしておこたえする

サービスの心」を重視するには、ありきたりで無味乾燥な案内板に任せるわけにはいきません。その思いから案内板を掲示しない「場」づくりにしたのです。

その分、スタッフは細やかに目を配り、お客様が何かを探している様子、迷っている様子などに素早く気づき、声をかけ、言外の要望まで汲み取ってサービスをすることを、基本の「在り方」としています。

こうしたきめ細かいスタッフの対応が、「デザイン・インテント」された場と人をつなげているからこそ、ザ・リッツ・カールトンホテルは多くの人に選ばれ続ける一流ホテルの座を維持しているのです。

☑「デザイン・インテント」は個人単位でもできる

チームや組織をつくっていくうえで、「場」と「人」の相性が大事であることはおわかりいただけたでしょう。

実は、「人」を「デザイン・インテント」することもできます。

自分のキャラクターを1つのブランドだと考え、あなたが最も大切にしたいことは何か、仕事で実現したいことは何か、リーダーであれば、部下に求めていることは何かなど、自分の「在り方」を定めて、自分が意図することを仕事の「場」づくりに落とし込むのです。

私の場合、研修の「場」で、個人単位の「デザイン・インテント」を実践しています。受講生のやる気に火をつけ、たくさんのことを学んでもらえる場にする「在り方」が決まっているので、あとは、つかみの挨拶を行い、受講者（人）の状態をつかみながら、研修を行っていきます。

「人」のために「場」があることを忘れないでください。

チームが成長するために
必要な「場」をつくる

☑人は経験で学ぶ

近年、ミスをすることや間違えることに対して、強い恐怖心を抱いている人が増えています。

実際、ミスをしないための勉強や対策を徹底的に行う人が少なくありません。その仕事を経験する前から「何が正解なのか（模範解答なのか）」「どうしたらいいのか」「どうしたら間違えずに済むのか」、正解を押さえておこうとするのです。

その結果、想定外の出来事に遭遇すると対応できず、パニックになってしまったり、逃げてしまったり、思考停止になって固まってしまったりすることもあります。ミスをしてしまった場合に、そのことを受け入れられず、見て見ぬフリをしてなかったことにしてしまう人もいます。また、評価が下がることが怖いからと、上司に報告せずに黙っていた結果、後日ミスが発覚して大ごとになったという事象も、実際、起きています。

ミスを恐れるのは、若い世代の人たちばかりではありません。
企業や組織もまた、炎上などを恐れ、ミスをさせないようにしています。
つまり、ミスをした経験もミスを取り返した経験も持てないので、現場の人がミスに対して未知なる怖さを持ち、避けて通

るような状態になってしまっているのです。

これは、企業や組織にとってとても危ない状態です。

人は経験から学ぶ生き物です。経験することで、ミスをすると
とどんなことが起きるかを知ることができますし、どんなふう
に対処すればいいか、心の持ち方などを学ぶことができます。

この成長の機会が、とても大切なのです。

リーダーは、部下やメンバーが成長するために経験しておく
べき「場」をあえて設けることも必要です。

と言っても、もちろんわざとミスをさせるわけではありません。

組織として、部下やメンバーをリスクから遠ざけるのではな
く、リスクについて考えさせる「場」を設けるのです。

☑ リスク対応を学ぶ「場」は欠かせない

ＵＳＪで働いていた際、私自身も上司から、あえて失敗する
経験をさせてもらったことがあります。上司はきっとわかって
いたのです。これは絶対にうまくいかないと。うまくいかない
ということは、現場業務で言うと、少し遠回りをしなければな
らない非効率的な側面を生み出します。しかし、上司はそれ以
上に、部下である私がこの状態から何かを学び、同じような失
敗を今後しないように、あえて失敗体験から学ばせるという選
択をしたのです。この体験によって、私は教科書には書いてい
ないような生きた学びを深めることができました。

また、失敗できないような案件についても、随時、社内では
コンプライアンスや安全衛生について、さらに災害が起きた時
にどう対応するかなど、失敗できないような案件についても随
時ケーススタディーにて学んだりもします。

こうして、うまくいっている時の場だけでなく、失敗した時の場の経験を踏まえて、社員やクルーに学んでもらうことで、広い視野からその場での経験を捉えることができるのです。自分だったらどうするかを考えて動き、その結果、どういうことが起きるかをケーススタディーにて疑似体感させます。

　アルバイトさんには、入社のタイミングで時間を取ってリスクや失敗について学んでもらうようにしています。

　リスクに対する共通の判断軸を、ＵＳＪ中のクルーやスタッフ皆で、場から学ぶことで持つことができるのです。

「失敗を恐れず、必要なリスクは自ら引き受ける気概を持とう」

　これは、私が所属していた際に大切にしていた考え方です。

　多少のリスクがあっても、ゲストのために行動を起こすことが必要です。

　リスクに対して向き合う姿勢が整うと、リスクと対峙する際に、気をつけることは何だろうと、積極的に学ぼうという姿勢が出てきます。

　また、企業として従業員を守るという姿勢を見せることで、スタッフは勇気をもってリスクに対峙し、ゲストが喜ぶ行動を自発的にできるのです。

＊ ＊ ＊

　リーダーとは、部下やメンバーの"変化の起点"をつくる存在です。

　成長という変化を加速度的につくり出すために、どのような場をデザインすべきなのか、皆さんにもおわかりいただけたのではないでしょうか。

　また、そんな部下やメンバーが成長し、行動を起こしている

場を体験するゲスト（お客様）にどのようにワクワクする場を
感じてほしいのか、具体的なイメージをしっかりと持ち、それ
を実現するためにどうあるべきかを共に考える。そのうえで、
必要なデザインを意図的に部下やスタッフに落とし込み、意識
して行動につなげていくというわけです。

　リーダーの存在が、その場を活性化させるのです。
　人は、場に影響される生き物であり、その場をつくるのは、
リーダーの大切な仕事の1つなのです。

第 4 章

「コミュニケーション」はチームの最大の成長要素

~良質なコミュニケーション~

For new leaders

ディズニーランドのキャストに「なぜ、ディズニーランドで働こうと思ったのか」と理由を尋ねると、その多くが「ミッキーマウスが好きだから」「ディズニーの世界観が素敵だから」などと答えるのですが、「遊びに来た時に対応してもらったキャストの方に憧れて」という人も少なくありません。

　実際、私も「ジャングルクルーズの船長さんになりたい」と思ってディズニーランドのキャストになりましたし、話しかけてもらえて嬉しかった、一緒に冒険して励ましてもらえて心強かった、などといった話もよく聞きます。中には、あるキャストに会いたくてディズニーランドに通い、その人の思いを受け継ぐために働き始めたという強者も。

「キャストが最大のアトラクション」

　これは、ウォルト・ディズニーの言葉であり、ディズニーランドの指針です。

　ゲストだけでなく国内外のサービス業を営む人たちからも、高評価をいただいているディズニーランドの接客ですが、実は、ディズニーランドには接客マニュアルがありません。

　担当の仕事の仕方やルールを教え、そして、私たちの大切な役割とは何なのかをしっかりと落とし込んだら、後は各自の判断で動くよう伝え、どうしたらゲストが喜んでくれるのか、自分で考え、実際に行動してもらいます。

　そのため、キャストはお客様対応ではなく、ディズニーランドという世界でゲストと出会った登場人物としてコミュニケーションをとります。だからこそ、ゲストにキャストの思いが伝わり、心に残るのです。

　コミュニケーションの質が変わると、相手への効果も変わります。相手の心を動かす良質なコミュニケーションを学んでいきましょう。

「リーダーの言葉」が
メンバーの未来をつくる

☑ 言葉に影響されて人は生きている

今、みなさんの手の上に黄色の象さんがいます。

この黄色の象さんは、手乗りサイズで、体長10センチぐらい、高さが5センチぐらいです。そんなに大きくないですよね。よく見てみると、鼻に赤いちょうちょ結びのリボンがかかっています。

この鼻にちょうちょ結びの赤いリボンがついている、黄色の象さんを、思い浮かべないでください。

どうですか?

ばっちり、思い浮かべてしまったのではないでしょうか。ちょうちょ結びの赤いリボンがついた長いお鼻(といっても体長10センチなので5センチほどでしょうが)を振り上げている楽しげな象さんを思い浮かべて、ちょっとほほえましい気持ちになった方もいるかもしれませんね。

これは人の基本的な習性です。

言葉にした瞬間に、私たちは、その言葉が指し示すものをイメージできてしまうのです。

言い換えると、どんな言葉を使うかによって、頭の中に抱くイメージが変わるということです。

　先ほどイメージしていただいた「ちょうちょ結びの赤いリボンがお鼻についた黄色の手乗り象さん」が、実は「火星からやってきた未知なる生物」だったらいかがでしょうか。具体性がなさすぎて何をイメージすればよいか混乱したり、何かの映画やドラマで見た不気味な映像がよぎってちょっと嫌な気持ちになったりなど、黄色の象さんをイメージした時とは違うものになったのではないでしょうか。

　同じことを伝えるにしても、より良いイメージ効果をもたらす言葉や題材を心がけて選ぶことで、相手にもポジティブな影響を与えることができます。

　つまり、リーダーがどのようなコミュニケーションをとるかで、メンバーやチームの在り方は大きく変わるのです。

☑ リーダー「らしさ」を意識することで 言葉の力を高める

　ディズニーランドやＵＳＪのキャストやクルー(以下、スタッフ)は、常に「らしさ」を意識して言葉を発しています。

　ディズニーランドやＵＳＪなど、テーマパークに行った時の思い出としてよく聞くのが、ミッキーマウスやミニオンズなどのキャラクターと会えた、カーニバルが素敵だったというものと共に、スタッフとの触れ合いです。スタッフのお姉さんにこんな声をかけられた、スタッフのお兄さんの励ましが嬉しかった、など。

「ディズニーランドだから〜」「ＵＳＪだから〜」と、ある程度のサービスを想定して、ゲストは訪れます。

　つまり、ディズニーランドにあるものはディズニーランドに

ありそうなものや人でなくてはなりませんし、ＵＳＪにあるものはＵＳＪにありそうなものや人でなくてはなりません。

　ちょっとでもイメージと違うと、「ディズニーランドなのに……」「ＵＳＪなのに……」と、裏切られたように感じてしまいます。

「〜らしさ」を守りながらゲストの想定を超える何かを提供できているから、思い出として残るのです。

　ひと言ひと言がブランドをつくり、お客様に認知されることを理解してキャストが振る舞っているからこそ、こうしてゲストの心に残るのです。

　リーダーも、この「〜らしさ」を意識したコミュニケーションが必要です。

　第１章でもお話ししましたが、リーダーの役割はメンバーとの関係性をポジティブなものにすることです。

　リーダーらしいコミュニケーションのポイントは２つあります。

・相手をワクワクさせる
・相手の心に炎を灯す

　魅力ある目標を設定し（心の導火線を見つけ）、「やってみたい」と思わせ(着火し)、やり方をお互いで共有し、共に取り組む。これがリーダーのコミュニケーションの基本スタンスです。

　本章では、この基本スタンスにのっとってメンバーとの関係性をポジティブにするコミュニケーションについてお話しします。

☑ 暗黙知 + 形式知の共有でチームの集合知を　構築できる

発信側と受信側のコミュニケーションがしっかりと内容濃く共有されることで、形式知（マニュアルやデータとして明文化・言語化された客観的な知識）はもちろん、言語化して他者に伝えるのが困難な暗黙知（個人が経験や感性を通じて身につけた知識やスキル、コツや勘など）も理解し合うことができます。

質の高いコミュニケーションが成り立てば、多くの個々の知性を集めることができ、チームの集合知（組織やチーム内で意味づけたものを皆で解像度高く再現し、イメージした姿を共有していく）を構築することができます。

その結果、リーダーや部下、メンバーが共に成長し、高め合うことができるというわけです。

部下やメンバーの暗黙知に注目して寄り添い、形式知にして組織全体へ周知し、チームの集合知化へと段階的に落とし込むために、リーダー自ら対話に取り組んでいきましょう。

人は何かを「達成したい」

☑ リーダーは目標達成を支援するサポーター

人は何かを成し遂げたい生き物です。

何かを達成することで、それが1つの自信となり、経験値となり、人は前に進むことができます。

リーダーは、部下やメンバーの「達成したい」という意欲を引き出し、形にする（部下の行動で業績に結びつける）のが仕事です。

それには、部下やメンバーが「達成したい」と思える目標を設定するきっかけを提供し、達成しやすくするためにサポート（支援）を行っていくことが求められます。

この「達成したい」という想いをサポートするうえで欠かせないのが、コミュニケーションであり、言葉です。

リーダーとして行うコミュニケーションは、すべてサポートのためのものと言ってもいいでしょう。

☑ リーダーとメンバーは相乗効果を発揮し合う関係

ただし、この時、気をつけてほしいことが2つあります。

1つ目は、リーダーと部下やメンバーとの関係についてです。

第1章でもお話ししましたが、同じチームのメンバーで同じ

自己成長の５ステップ

分かち合う（貢献レベル）
できる（習得レベル）
行う（実践レベル）
わかる（理解レベル）
知る（知識レベル）
知らない（すべてのスタートライン）

仕事をしていても、感じること、悩むこと、成長の度合いは違います。同日に入社してきた社員であったとしても、それぞれ思いも理解度も成長度も違います。リーダーはそれぞれの状況を把握してひとつひとつベクトルを持ちましょう。

同じチームメンバーであっても、教える内容は一緒でも、接し方を変えたほうがよいこともあります。

どのように変えるかを判断するうえで活用できるのが、「自己成長の５ステップ」です。

人が成長する段階には、「知る」「わかる」「行う」「できる」「分かち合う」の５つがあり、相手がどのレベルにあるかで伝え方、教えるべき状況・難易度が大きく変わります。

例えば、これまで働いた経験がない男子学生が、アルバイトスタッフとしてあなたのチームに加わったとしましょう。

当然、あなたのチームがどんな仕事をしているかも、そもそも働くとはどういうことかも知りません。

仮にあなたがテーマパークのレストランでリーダーを務めて

いて、「玉ねぎを切る」という作業があったとします。

学生アルバイトの彼は自炊をしていて、自己流ではあるものの料理ができるとのことなので、「ハンバーガーに挟む用にそこの玉ねぎを切っておいて！」と指示を出しました。さて、どうなると思いますか？

十中八九、あなたがイメージしている玉ねぎの切り方にはならないでしょう。なぜなら、"知らない"からです。

輪切りなのか、粗みじん切りなのか、くし形切りなのか、包丁で切るのか、スライサーで切るのか……。

あなたとしては「ハンバーガーに入れるのだから輪切りだろう！」と思うかもしれませんが、お店によっては粗みじん切りのところもあれば、薄いくし形切りの玉ねぎを焼いて挟むところもあります。その彼は、あなたがリーダーを務めるレストランの玉ねぎの切り方を"知らない"のですから、どの切り方を選んだとしても、学生アルバイトの彼としては最善を尽くしたのです（もしかしたら、ハンバーガーを研究し尽くしていて、そのうえで粗みじん切りがいちばんおいしいという答えにたどり着いて、粗みじん切りに仕上げたのかもしれません）。

チームの一員として仕事をしてもらうには、"知らない"（5つのステップの0段階目）を、まずは、"知る"（5つのステップの1段階目）にしなければなりません。

・知らない（0段階目）　→　知る（1段階目）

「玉ねぎはここに置いてあるものを上の箱から使ってください。野菜を切る際はこの包丁を使ってください。まな板はこれが野菜を切る用です。作業台はここになります」

「このレストランでは玉ねぎを生で使用するので、5ミリ目安の

輪切りにする、と決まっています。皮は、茶色の薄皮まで剥いて、頭と根っこの部分をこれくらい切り落としてから輪切りしてください。手を切らないように気をつけて切ってくださいね」

　何をすればいいのかが明確にわかる。これが"知る"ことができた段階です。ですが、知ったからといって、理解できたわけではありません。

・知る（1段階目）　→　わかる（2段階目）

　次に"わかる"のステップです。

　このケースで言うと、「なぜ、野菜用の包丁とまな板を使わなければいけないのか？」など、行動やルールの意味を伝え、「切り方」ではなく、「切る」という一連の行為を理解してもらいます。ちなみに、野菜用の包丁とまな板を使わなければいけない理由は、お肉の菌が野菜に付着すると食中毒を出してしまう恐れがあるからなのですが、皆さんはおわかりでしたでしょうか？

　ほかにも、包丁は研いだほうがきれいに切れるだけでなく、野菜の繊維をつぶしてしまい、おいしさが減ってしまうこと、包丁の研ぎ方を教えてあげるなど、行動の意味を伝えてあげるのです。

・わかる（2段階目）　→　行う（3段階目）

　意味や目的がわかったうえで行動できるようになると、「だったら、こうしたほうがもっと精度が上がるのではないか」など、創意工夫をして、より質の高い行動にしていくことができます。「ただやらされている」のではなく、率先して"行動する"ようになるのです。

ここまででだいぶ成長を遂げていますが、プロとしてはまだまだといったレベルです。

・行う（３段階目）　→　できる（４段階目）

　"できる"という状態は、玉ねぎを切る行動ができるという意味ではなく、クオリティーの話です。お客様に出す商品として問題のないレベルになるということです。それも、「やりました＝できました」ではなく、リーダーがチェックをしなくてもできるようにならないと、仕事を任せることはできません。

　この時に必要なポイントは、相手のスピードに合わせることです。つい、経験値に縛られ、リーダーのスピードでやらせようとしてしまいますが、これでは、生徒たちもうまく習得できません。できるまで辛抱強く関わる姿勢が大切です。

・できる（４段階目）　→　分かち合う（５段階目）

　最終ステップは"分かち合う"、つまり、人に教えられるレベルになるということです。"できる"段階で仕事を任され、クオリティーを上げてきたら、次の人材を育てることが、チームが成長し続けるには必要です。メンバー皆が「資産」として活躍するには、"できる"先輩に学ぶほかないからです。

　これまでリーダーであるあなたが説明してきた「玉ねぎの切り方」を、学生アルバイトの彼が、"知らない"段階の人に伝え、"できる"ようにしていくということです。

　人に教えるようになると、実は、教える側の自分の成長にもなります。知っていることを共有するのとは違い、"できる"状態に導くには、教える相手（部下やメンバー）の状態に合わせた伝え方をしなくてはなりません。言い換えると、自分がし

ている仕事をいろいろな視点で見直し、言葉にすることが求められるということです。

　自分を見直すことで、"できている"ことをより進化させる気づきを得ることもあります。

　その気づきを後輩やメンバーだけでなく、チーム全体に共有することができれば、チーム全体で成長することにもつながります。

　先ほどお伝えしたように、ディズニーランドやＵＳＪでは、スタッフのほとんどがアルバイトの方々です。新人アルバイトが入社したなと思ったら、また３カ月後にたくさんの新人アルバイトが入社してくることも少なくありません。

　それでも最高のパフォーマンスを提供し続けることができているのは、教えられるレベルのスタッフを育成し続けているからです。

　１対１×10組をすべて１人で対応するのは難しいものです。現場の全員がリーダー的存在となることで、現場組織の業務クオリティーやレベルが上がっていき、部下やメンバーが互いに成長し合うことで、どんどん楽しく働けるようになっていき、成長スピードも上がります。

　リーダーとメンバーが相乗効果を発揮し合う関係になれた時、チームという「場」もまたステージが上がると言えるでしょう。

成長の「伸びしろ」を狭めない

☑アドバイスしすぎない

リーダーとして行うコミュニケーションにおいて、気をつけてほしいことの2つ目は、管理者の視点で接しないということです。

多くのリーダー、特に部長など、業績管理を行う立場にいると、つい部下やメンバーの仕事を管理するという視点で接してしまいがちですが、「管理されている」と感じると、「達成したい」という気持ちが失われてしまいます。

上司は管理者ではなく、あくまで支援者です。

管理者は目標に対して部下やメンバーがどうあるかを管理する人であるのに対し、支援者は部下やメンバー自身の成長を支援しながら目標達成させるためのサポートも行う人です。

目標を達成させるためだけに導くのではなく、目標達成ができる能力を伸ばす（成長させる）支援をした結果、目標を達成することができたとすることで、部下やメンバーは自信と経験値を積むことができます。

常にそのスタンスを忘れずに、部下やメンバーにかける言葉選びを意識しましょう。

「達成したい」という思いは、自分で実現してこそ、満足度が

高まります。

自分で考え、実践し、気づきを得ていく中で、経験値も上がり、成長もしていきます。

ところが、多くのリーダーが、部下やメンバーに指示を出しすぎたり、ヒントではなく答えを伝えてしまったりなどして、せっかくの経験値を下げてしまっている様子をよく見かけます。

リーダーとして「良かれ」と思ってのことなのでしょうが、これでは部下やメンバーも「(リーダーに)やらされた」と捉え、もしくは、困った時には上司が答えを導いてくれるという錯覚を植え付けられてしまい、「達成した」という満足感を味わうことは難しいでしょう。

ポジティブな関係性をつくり出すうえで大切なことは、各々が自ら考える、考えさせるという癖をつけることです。

アドバイスによって、部下やメンバーがすぐに結果を出すことができるなど、即効性が高くなるかもしれませんが、これを続けていくと、何か困った時はリーダーが助け舟を出してくれるのが当たり前という文化ができてしまい、「考えない」「考えるのを放棄する」メンバーを生み出しかねません。

リーダーは支援者として、達成行動を後押しすることに徹し、部下やメンバーが自ら動くという状態をつくり出してあげてください。

リーダーとメンバーで協働しながら、お互いに成果責任を持つことで、真の成果を生み出すことができます。

部下やメンバーが自ら、正しい自分の情報を伝え、上司に理解してもらうべく働きかけてくるよう、リーダーは時として待つことも必要なのです。

☑「相手に対する敬意」を最初に伝える

接客業やサービス業において「最高のサービスは笑顔である」という言葉を聞いたことがある方は多いでしょう。

マクドナルドでは、メニューに「スマイル０円」と記されていますし、テーマパークのスタッフも基本的に笑顔でゲストと接します。

スタッフに笑顔でゲストに接してもらうのも、もちろん、部下やメンバーに、そうするよう説明します。ですが、この時、マニュアルやルールだからと説明すると、相手も業務だから仕方なく表情をつくるようになってしまいます。

ある日本企業が海外に進出して店舗展開をするにあたって、現地の店舗スタッフに研修で「笑顔でおもてなしをするように」と伝えたところ、「なぜ笑顔をつくらなきゃいけないのか。楽しくもないのに笑えない」と質問されました。研修講師が「それがルールだからです」と伝えたところ、誰が見てもつくり笑顔（営業スマイル）だとわかる表情で仕事をするようになりました。

その様子を見た店舗のリーダーが、「お客様が気持ちよく過ごせるような感じの良い笑顔で」と注意したところ、「笑顔は笑顔だ。やるべきことはやっている」と反論されたそうです。スタッフからすると、「やっているのだから、私は悪くない」という気持ちだったのでしょう。その後もつくり笑顔のままでした。

さらに、マニュアルに書かれたこと以外はやらず、お客様からクレームが入り指導しても、「私は『やれ』と言われたことはやっている。あとは上司がやって！　上司だから責任をとる

のは当たり前でしょ」と改善せず、お客様からのクレームも増え、だんだんチームの中でも浮いた存在になってしまい、最後は辞めてもらうことになってしまったそうです。

なぜ、こんなことになってしまったのか。それは、マニュアルやルールから入ったことで、それがすべてになってしまい、「本質」が何かを考えなくなってしまったからです。

サービスの本質とは何か、それは「相手に対する敬意」です。これは、働く本質でもあります。

テーマパークでは、導入研修（オリエンテーション）において、この「本質」の部分をしっかりと伝えます。それがすべての仕事の土台となり、この土台が共有されているからこそ、「笑顔でおもてなしをする」ことの意味をメンバーそれぞれが考え、理解し、実践するため、つくり笑顔（営業スマイル）にはならないのです。

また、「相手に対する敬意」から、「もっとできることがあるのではないか」「こうしたらどうだろう」とできることを考え、探すようになります。部下やメンバーのこうした模索をリーダーがサポートすることで、成長の「伸びしろ」を最大限活かすことができるのです。

「相手に対する敬意」には、3つのポイントがあります。

1　感謝の念を忘れない
2　相手の立場に立ち、支援する
3　迷惑をかけない

上司・部下関係なく、組織の一員として必要な（社会人として必要な）マナーともいえる「本質的土台」を、まずはしっかり伝えてあげましょう。

質の高いコミュニケーションは
言葉のデザインで生まれる

☑ コミュニケーションの量が質をつくる

多くの会社でリーダー研修や社員研修をさせていただいている中で気づいたことがあります。

業績が伸びている会社は、上司と部下のコミュニケーションの量がとにかく多いということです。それぞれのプロジェクトの進捗だけでなく、1人ひとりの社員の状況も把握し、今後の目標やお互いの思いの共有ができているため、チームとしてお互いを信頼し、安心して動くことができているのです。

一方、必要最低限のコミュニケーションしか行われていない会社は、業績が芳しくないことが少なくありません。業務連絡がきちんと行われていても、会社の将来像や目標といった情報共有が不十分なため、業績をつくり出す人材育成が不安定で、業績改善まで行き届かないのです。

言葉としては頭で理解できていても、腹落ちしていない、心から納得できていない状態では、人は動きません。

☑ 人は大事なことの3割も言葉にしていない

「すみません。この近くにおいしいレストランはありますか？」
テーマパークでは、お客様からよくこうした質問をいただき

ます。

この時、「あ、レストランですか。ここから 50 メートルほど先にカレー屋さんがあるので、そちらへどうぞ。右側にあります」と、すぐに答えるスタッフがいます。

これは一見、素晴らしい対応に思えるかもしれませんが、実は残念な対応です。なぜなら、そのゲストのための最適な返事とは言い切れないからです。

たしかにカレー屋さんはおいしくてオススメです。でも、お子さんがいると辛いものが食べられないかもしれません。もしかしたら、昨夜のご飯がカレーライスだったかもしれません。その場合、カレー屋さんの情報は、ゲストが求める答えではなかったということになるからです。

「カレー以外でと言ってくれれば、他のお店をご案内したのに……」と思うかもしれません。

ですが、**往々にして、人は自分の思いの 3 割ぐらいしか言葉にしていません。つまり、引っ張り出さない限り、残りの 7 割は知ることができないのです。**

質の高いコミュニケーションができるスタッフは、こう対応します。

「こんにちは。何名様でお越しですか？　お子さんもいらっしゃるんですね。お子さんは、何のキャラクターがお好きですか？　それとも、恐竜とか、他にお好きなものはありますか？」

「ちなみに、今朝や昨夜は何を召し上がりましたか？」

「お腹の具合はどうですか？　ペコペコでしっかり食べたい！なのか、さくっと小腹を満たしたい！　なのか、ご希望はありますか？」

などと尋ね、ゲストの思いを引き出し、確認します。そして、そこで得た情報を組み立てて、ゲストにとって最適と思われる返事を考え、伝えます。

　（お子さんが２人。子ども用のイスがあるレストランのほうがいいよな……。男の子は、恐竜が好きなんだ。お腹はペコペコでがっつりが希望……だったら、ディスカバリー・レストランがいいかな。お子様用のセットもあるし、クイックサービスだから、そんなに待たなくて済むし、開放的で賑やかだし、気を遣わずに済むんじゃないかな。ここから歩いてもたいした距離じゃないし……）

「なるほど。では、ディスカバリー・レストランはいかがでしょう。お子様が大好きな恐竜の世界を味わいながら、しっかりご飯を楽しめますよ。お子様も比較的多くいらっしゃり、皆様で賑やかに楽しみながらお食事を召し上がることができます。こちらの道をまっすぐ道なりに進むと、左側に○○が見えてくるので……」

　相手が３割しか伝えてくれていないからといって、３割分の情報で返事をしたら、ゲストからすると、期待していた３割、もしかしたらそれ以下の返事でしかなかったということになりかねません。

　相手から情報を引き出す質問を重ねることでやりとりは増えますが、その分、相手のことを知ることができるため、ゲストがより満足できる返事を提供することができます。

　誰のために言葉を発するのか、そのことを意識して会話をすることを、私は「言葉をデザインする」と言っています。

質問で情報を引き出しデザインする

<情報を引き出す> 相手をよく観察し、何か困っていたり、探しているで
あろうゲストを発見。話しかける。

▼

スタッフ：「こんにちは！ 何かお探しでしょうか？ お手伝いさせてい
　　　　　ただきます！」
➡相手の立場に立ち、よく観察する（情報とは見た目の情報も含む）。
ゲスト：「ありがとうございます。実は、レストランを探していまして……」
スタッフ：「レストランをお探しなんですね。かしこまりました」
➡最初の3割の情報を復唱し、お互いで確認・把握する。
スタッフ：「今日は何名様でお越しですか？」
➡ゲストに合うお店の大きさの把握をするために情報を得る。
スタッフ：「お子様は、キャラクターはお好きですか？ 恐竜とか、他に
　　　　　お好きなものはありますか？」
➡好みのお店の特徴を探るための情報を得る。
スタッフ：「ちなみに、今朝や昨夜は何を召し上がりましたか？」
➡最近食べたものと重ならないようにするための情報を得る。
スタッフ：「お腹の具合はどうですか？ ペコペコでしっかり食べたい！
　　　　　なのか、さくっと小腹を満たしたい！ なのか。ご希望はあり
　　　　　ますか？」
➡今、欲している状況・状態を探るための情報を得る。

<引き出した情報をまとめ、整理する>
・お子さんが2人。子ども用のイスがあるレストランにしよう。少し騒い
　でも大丈夫なところがいいだろう。
・恐竜が好きなんだ。ジュラシック・パークエリアのディスカバリー・レ
　ストランを思い浮かべる。
・お腹はペコペコでがっつりが希望。

▼

<導き出した答え>
ディスカバリー・レストランを紹介しよう。
お子様用のセットもある。クイックサービスだから、そんなに待たなくて済む。
ここから遠くないし、子ども用のイスもある、お肉メインのがっつりセットも
あるし、開放的で賑やかだから、気を遣わずに過ごしていただける。

言葉は、それを発信する側の人が何かを実現するために必要なツールです。

　ただ言葉を発するだけでは完全ではなく、言葉の受け手側が発信者の言葉を聞き、それに対して言葉を返し、さらに発信者がそれに対して言葉を返すことで会話が前に進み、形をつくっていく（デザインする）ことができます。

　例えば、発信者の言葉に曖昧な情報や推測レベルでとどまっている事柄がある時は、受け手側が質問することで、発信者はその質問の答え、それも裏づけがとれたものを返すための準備をし、伝えることになります。この繰り返しで曖昧なところが埋まっていき、次の段階に進み、発信者の思いや考えを共有することができます。場合によっては、受け手側がサポートすることが出てきて、発信者の思いをより発展させることもできるというわけです。

　イメージしにくい方は、1000ピースくらいのパズルを思い浮かべてください。

　1000ピースで1枚の絵をつくり上げるパズルの場合、1ピースの絵柄だけを見ても、それが何の絵のパズルなのか、なかなか理解できないですよね。

　ですが、ピースが揃ってくるにつれ、全体像（いったい何の絵なのか）が見える瞬間が訪れます。

　その瞬間に「言葉で」たどり着くということです。

　相手が持つ情報を言葉というピースでどんどん仕入れ、相手が思い描く理想の姿（画像）を高い解像度で共有していく作業と言ってもいいでしょう。

　相手に敬意を持ち、相手のための言葉を紡ぐ。これは良質な

コミュニケーションの基本になります。

☑ 良質なコミュニケーションにおいて大事な 5つのポイント

近年、「環世界」について語る学者の方が増えています。
「環世界」とは、同じ生態系の中にいても、その環境から受け取る感覚情報は生物ごとに違っているという単純な（しかし、見過ごされがちな）事実のことで、1909年、生物学者ヤーコプ・フォン・ユクスキュルによって提唱されました。

筑波大学准教授の落合陽一氏は、「お互いの環世界を相手に合わせてコミュニケーションをしていくこと、これが新しい楽しさの作り方になりうる」と、「環世界」を意識することがコミュニケーションの要であると提言しています。

ディズニーランドやＵＳＪでは、10代後半から60代後半までの方が働いており、「環世界」という言葉こそ使ってはいませんでしたが、同じ事象を一緒に体験しても感想がまったく異なるということも、実際、よくありました。そのため、指示をしたり指導をしたりする際は、あえて同じ言葉を使わずに伝えることもしていました。

その判断軸を言語化したのが、次の3つです。

1 相手の地図に入る
2 相手に「浸透」させる
3 ショウハウとノウハウを意識して伝える（共通言語をつくる）

それぞれについては、次項目からお話しします。

「相手の地図」に入る

☑ 人は１人ひとり違う地図を描き、その中で生きている

「こんなところに、駅前の通りに抜けられる道があったんだ」

　何年も住んでいる家の近所に「新たな道」を見つけた、そんな経験をしたことはありませんか？

「新たな道」は前からそこにあったはずなのに、あなたの世界には存在していなかった。ですが、おそらく他の近所の人にとっては、その「新たな道」は「慣れ親しんだ道」でしょう。

　人は、１人ひとり違う世界を描き、その中で生きています。「新たな道」を知らない人はその道が存在しない世界で生き、それが「慣れ親しんだ道」である人はその道が当たり前のようにある世界で生きています。

　さらに、お互いの世界について答え合わせをすることがないので、「新たな道」を偶然見つける以外、補正されることはありません。気づかないまま、もしくは、気づこうとしなければ、同じ世界の状態のままとなるのです。

　そのため、何か出来事が起こっても自分の世界から見て判断しますし、この先どうやって生きていくか、どうあるかについても、自分の世界のみで描きがちです。そして、自らつくり出したストーリーを信じ込んでしまい、現実の世界と自分の世界

人の情報の受け取り方

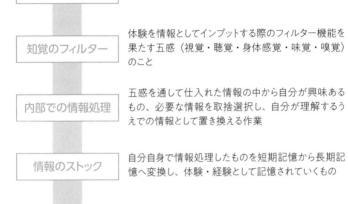

外部からの情報	
知覚のフィルター	体験を情報としてインプットする際のフィルター機能を果たす五感（視覚・聴覚・身体感覚・味覚・嗅覚）のこと
内部での情報処理	五感を通して仕入れた情報の中から自分が興味あるもの、必要な情報を取捨選択し、自分が理解するうえでの情報として置き換える作業
情報のストック	自分自身で情報処理したものを短期記憶から長期記憶へ変換し、体験・経験として記憶されていくもの
情報の検索	何かを表現しようとする際に、自分の中にある検索エンジンが発動し、体験・経験というストックから引き出す作業
再編成	検索で引き出した答え（キーワード）を掛け合わせ、検索に対する意味づけ（答え）を導き出す作業
外部表現	自らの意思表示として、言動を通して、思想を表現する行為（言語・非言語の両方で）

は同じものだと思ってしまいがちです。

　私はこの、それぞれの人がそれぞれにつくり出している世界を「地図」と称しています。自分都合で描き、つくり出すことができるうえに、後から描き換えることができるからです。その人が、心の中で思い描いているものをつくり出せると言ってもいいでしょう。

　つまり、同じものを見ても、それぞれ見ている範囲も、受け止め方も、感じ方も違い、それぞれの地図における意味や衝撃の大きさも違うために、事実は1つしかないはずなのに、まったく違うものが地図には書き込まれ、人それぞれ違った真実になってしまうのです。

☑ 同じ条件下にあっても「地図」は　まったく違うものになる

　あなたが伝えたいことのイメージを共有するには、相手が今、どの立ち位置にいるか、そして、そこから何を見ているかを知り、その立ち位置に寄り添ってから言葉を発することが必要です。

　部下やメンバーが自分の立ち位置をどのように考えていて、どんなふうに言葉を聞いているのか、そして、何を見て、何を感じているのかを探るのです。

　私はそれを「相手の地図」に入り、「現在地」を確認すると言っています。

「地図」とは、現実を知覚する際の対応図であり、その地図の中のどこにいるのか＝「実際の現在地」は、部下やメンバーにとっての事実です。

　同期入社のＡさんとＢさんがいます。彼らは、仕事場でもプライベートでも仲が良く、とても気が合っていました。

　ところが、入社して数年が経った頃から、Ａさんは上司とぶつかるようになり、Ｂさんは上司を手助けするようになりました。

　そこで、Ａさん、Ｂさんそれぞれの地図に入り、現在地を確認したところ、Ａさんは「会社とは、自分が楽しく仕事をする場所」と捉えており、Ｂさんは「会社とは、（自分も含め）みんなで楽しく仕事をする場所」と捉えていることがわかりました。

　ほんの少しの違いのように見えますが、「ルールを守らないことを注意してくるなんて、入社して５年も経ったんだから、自由にやらせてほしい。自分のことを理解してくれない」と考え反発するようになったＡさんと、「新人教育のためにルールを守る大切さを改めて伝えているんだな。私も５年目だし、ルールを守ってお手本になっていかないと」と自分の在り方を決めたＢさんとで、働き方が大きく変わってしまったのです。

　このような事象は、実際よくあります。

　もっと早くそれぞれの地図に入っていたら、Ａさんに、「Ａさんは仕事を頑張っているね。今度、新人が入ってくるので、一緒に助けていってほしい。まずは、みんながよりスムーズに仕事ができるように、ルールを守って仕事をしよう。新人も、ルールがあることで混乱しなくて済むから」と、説明しておくことができたでしょう。

「そんなこと、わざわざ言うことではないのでは？」と思った人もいるかもしれません。たしかに、組織で働く以上は当たり前のことだとも言えます。

ですが、「当たり前」と捉えているのは、あなたとBさんの地図だけ。Aさんにとっては「当たり前」でなく、必要な言葉だったのです。

同期で同じ研修を受け、同じような経験を積んできても、これだけ地図の状況は変わるのです。

☑ 相手の地図を尊重することが　　コミュニケーションの根本条件

多くのリーダーが陥りがちなのが、部下やメンバーを「自分の地図」に引き込んで話してしまうことです。

彼らを良き方向に導こうとするあまり、人事面談などで、先ほどの例のような「当たり前」ありきで話をし、そこにはまらないことを異常事態と考え、リーダーにとっての正しい位置に戻そうとしてしまうのです。

しかし、部下やメンバーは「リーダーの地図」がどういう状態かを知らないわけですから、リーダーが言うからやるという、業務的な行動をするばかりになってしまい、自ら動かない、いわゆる指示待ち人間になってしまいます。

さらに、指示をされた側からすると、「やらされている」わけですから、それが続くと決して気持ちのいいものではありません。リーダーが、その部下やメンバーのために良い経験・体験になると思っての指示であったとしても、「自分のため」にしてくれているとは露ほども思わず、「リーダーのために何でやらなくてはいけないのか」とモチベーションが下がってしまうこともあり得ます。

リーダーが部下やメンバーの地図を理解すべく、どんなに心

を砕いていたとしても、これでは良い関係を築くことは難しい
でしょう。お互いに相手の地図を理解してはじめて意味を成す
からです。

それでは、どういうコミュニケーションならば相手の心を動
かし、共に理解が進むのでしょうか。

キーワードは「エンパサイズ（共感）」と「尊重」です。

エンパサイズとは、「相手の世界（地図）に意識を向ける共
感力」のことです。

人は、誰もが自分の中に価値観を持っています。リーダーの
立場から見ると、「それはちょっと……」となるスタッフの言
動であったとしても、本人の中ではれっきとした理屈があり、
それを基につくり上げた地図という世界があります。

そこに目を向けず、“リーダーが良いと思っているだけの理
想”を振りかざし、その判断に基づいた言葉を発してしまうと
いうことは、意図していなくても、部下やメンバーの価値観を
ないがしろにしているのと同じです。

そこには、「エンパサイズ（共感）」も「尊重」もなく、働く
ことの本質である「相手に対する敬意」もありません。

**無理やり「“リーダーが良いと思っているだけの”理想的な
地図」へと引き込めば引き込むほど、相手は自分の地図を守る
べく心に壁をつくり、リーダーはお互いに納得できる地図が見
えなくなります。**

リーダーが「エンパサイズ（共感）」と「尊重」を行うには、
部下やメンバーのすべてを、ありのまま受け入れることが必要
だと私は考えています。

否定、批判といったリーダー自身としての感情は抱かず、話をひたすら聞き、そのうえで、自分が相手の話をどう捉え、解釈（意味づけ）したかを伝え、それは相手が私に伝えたかったことと同じなのかどうか、重ねて尋ね（質問し）ます。しっかりと向き合い、相手の世界に入り込み、その人の立場になりきるまで行います。

　このやりとりによって、自分自身（聞き手側）の理解と発信側（伝え手側）の理解が限りなく近づき、「自分から相手の地図に入る」ことができます。

　ここまでして、部下やメンバーはリーダーであるあなたを信頼し、聞く耳をもって向き合ってくれるようになるでしょう。

相手に「浸透」させる

☑ 部下の「わかった」は「伝わった」という意味ではない

リーダーがコミュニケーションを通してすべきことは、リーダー自身の強い欲求（＝組織の欲求・目的）を土台とした「目的」によって、組織・チームの人々を本気にする連鎖反応を起こすことです。

そのために、人を活かし、相乗効果を発揮させるための良質なコミュニケーションをとり、浸透させるのが、リーダーの大切な役割です。

コミュニケーションを浸透させるには、話し手と聞き手のコミュニケーションを成立させる必要があります。

先ほどもお話ししましたが、次ページの図のように、お互いが相手の視点に立って伝え、相手の視点に立って言葉を受け、お互いを理解し合うことに注力することで、言葉が相手の心まで届くのです。

たいていのリーダーは、部下やメンバーに伝えなくてはと、相手の視点に立って伝えることを意識していることでしょう。

しかし、部下たちは、そんなリーダーの役割を踏まえて話を聞いてくれるわけではありません。

リーダーとして、いかに思いを込め、組織の目的を土台とし

相手に浸透させるコミュニケーション手順

浸透コミュニケーションの役割 相手の立場に立って伝えたことがしっかり届いているか

話し手　　自分視点で　　相手視点で　　相互理解まで
言う → 伝える → 伝わる

聞き手　　相手視点で　　相手視点で　　相互を理解するために
聞く → 聴く → 訊く
（尋ねる）

コミュニケーションは相互作用!

て部下やメンバーのための言葉を紡いでも、彼らのほうは、それを「理解しよう」という姿勢で聞くのではなく、あくまで「自分」の感覚で受け止めます。

　伝わったかどうかを確認しようと「わかりましたか?」と部下やメンバーに問いかけ、みんなが「わかった」と答えても、「伝わった。よかった」と安心するのは時期尚早です。

「理解した」という意味で「わかった」と返事していたとしても、それは、それぞれの地図の中での判断であり、返事だからです。

　また、「わかった」という言葉に重きを置いているのはリーダーばかりで、部下やメンバーのほうは、適当に返事をするのに便利な言葉だと思って使っていることも少なくありません。

「わかった」と答える部下やメンバーに対して、「本当にわかった?」などと聞くのは、彼らを信用していないことになり、やる気をそいでしまってはいけないと考えるかもしれませんが、

ここで行うのは、「どんなふうに理解したのか？」の確認です。

　伝わったかどうかは、相手にしかわからないからです。

　1人ひとり違う地図を持っているということは、そうそう簡単に言葉や思いは伝わりません。これが、真実です。

☑ 相手の反応がコミュニケーションの結果

　しかし、先ほどお話ししたように、部下やメンバーの「わかった」は一概に信用できません。となると、伝わったか伝わっていないかは、どう判断すればいいのでしょうか。

　私は、相手の反応を細やかに見ることでしか判断できないと考えています。

　リーダーが話した後、部下やメンバーがふくれっ面をしている、文句を言ってくるなど、明らかに不服そうな表情や態度であれば、彼らが聞いていなかった、承服しかねていることは明白でしょう。当然、要注意です。

　リーダーがどうあったとしても、それこそどんなに心を砕き、コミュニケーションスキルを駆使したとしても、相手の反応がコミュニケーションの結果です。そのことを受け入れることで、相手に寄り添ったコミュニケーションが見えてくるはずです。

　部下やメンバーがあなたの言葉をきちんと理解してくれたのかを知る方法があります。

　それは、口移しのように、あなたの考えと同じことを言葉で発しているかどうかです。もし、言葉を発しているようであれば安心です。こうなったら、いちいち「伝わっているか？」を確認する必要はありません。間もなく行動が伴うようになるでしょう。

意味づけと規準を意識して伝える
（共通言語・理解・認識をつくる）

☑ 相手の心に浸透させる「言葉の構造」

　リーダーとして部下やメンバーに思いや在り方を浸透させるために、私たちが知っておかなければいけないことがあります。それは、ひと言で「言葉」と言っても、その「言葉」を構成する要素があり、構造があるということです。

　相手の心に浸透する言葉は、次の4つの段階によって構築されています。

　1　共通言語
　2　共通理解
　3　共通認識
　4　共通体験

それぞれ見ていきましょう。

1　共通言語

　社内や組織内で「自分たちらしさ（人）」「私たちらしい環境（場）」を象徴する言葉、特徴を明確にするための言葉のことです。

　お客様からどのような印象を持たれたいのか、私たち自身がどのような印象を発信していきたいのかを表した言葉（考えて

相手に浸透する言葉の構造

共通言語 … 社内で場づくり・人づくりを意識させるために使っている、私たちらしさを表現する社内共通で使う言葉自体のこと

共通理解 … 言葉の裏側にある解釈（意味づけ）を合わせる行為

共通認識 … 意味づけた内容を具体的行動に起こす際の尺度（規準）。
明確にすることで、皆が同じ尺度・方向性で行動できる

共通体験
（言動） … 言葉の意味（づけ）と規準を意識して行動し、相手に私たちらしい体験価値を提供する（意味づけの質を決める行動状態）

決めた答え）でもあります。

　言葉にして発信することができるので、社内やチーム内で共有しやすい部分です。

2　共通理解

　共通言語をスタッフ全員でどのように解釈するか、理解を統一させる意味づけを行うことです。

　言葉の裏側にあるその言葉の意味や価値を明確にする作業と言ってもいいでしょう。

　言葉の意味はわかるので、お互い理解できていると捉えがちですが、実際は各自で意味づけをしているので、言葉にしないまま「わかったつもり」になってしまう部分とも言えます。

　使っている言葉が同じでも、理解がズレていては、行動も結

果も、ひいては心もバラバラになってしまいます。

　そのため、どのように理解したのかを詳細に聞き出すなど、理解を同じくする共通の意味づけが必要なのです。

3　共通認識

　認識とは、物事をはっきりと見分け、判断することです。

　判断する際は、"規準"がカギとなります。

　この規準も、それぞれの人の中にあり、この規準によって、どこまで行動するのかを各自が決めて行動します。

　だからこそ、人に同じことを伝えても、行動がバラバラになってしまうのです。

　私もテーマパークで働いていた時、３人のメンバーに対して一斉に指示をしたにもかかわらず、その直後に３人それぞれが違う行動をしたのを見てびっくりした経験があります。

　共通理解で定めた共通言語の意味づけ（解釈）を解像度高く、具体的に何を、どこまで、どのように立ち振る舞うのかという尺度を明確にしたものが、共通認識です。

　尺度は、リーダーとメンバーの暗黙知を形式知化（言語化）し、チームの集合知にしたもので、この尺度を軸に、自ら考え、行動を起こします（115ページ参照）。

　共通認識がしっかりと整備されることで、何をすべきかが、明確になり、それぞれが正しく理解できたうえで、チームで同じゴールに向かって行動に移ることができるのです。

4　共通体験（言動）

　共通言語を共有（理解）し、同じ規準の行動を皆でつくり出すことです。

　クオリティーの高いサービスや業務を継続的に実施・体験させることによって、それぞれで行動することができるようになります。

　皆が言葉を発しなくても、同じ考えのもと、同じ規準で判断し、同じ行動を発揮する——。

　テーマパークでは、暗黙知レベルになっている共通言語を形式知レベルにて共通理解（皆で言葉の解釈を共有し）、共通認識（同じ行動規準という行動すべき尺度から行動を起こす）を可視化しているからこそ、その形式知で文字化されたものを通して、集合知レベルである皆が言葉少なくとも、頭の中で理解し、行動にて表現する精度が同じだからこそ、ブレなくゲストに対していつでも高いサービスが共通の体験として提供でき、これらの段階をリーダー自身は部下やメンバーに対して意識し確認をしているので、ブレない浸透ができるのです。

　部下やメンバーに自発的に動いてもらい、共にゴールを実現するには、リーダーはこれら 4 つの段階を意識してイメージしたゴールを解像度高く伝えることが必要です。

　ゴールを解像度高く言語化し、その意味づけを曖昧にすることなく部下やメンバーに共有することによって、部下やメンバーは、それぞれの現在地に照らし合わせたうえで、求められていることを具体的に理解し、自ら自発的に工夫を凝らし、次なる理想的な行動を目指し、動くことができるのです。

　チーム皆で、言葉の意味づけと規準という軸を意識して行動し続けることで共通体験につながり、外的要因に影響されることなく、「私たちらしさ」をつくり出すことになるのです。

リーダーの言葉遣いで
目指すべき場所が変わる

☑ 言葉ひとつで見えるものが変わる

今でこそ、ＵＳＪはディズニーランドと同じく人気のテーマパークですが、グランドオープンして数年後に、来場者数が減ってしまった、厳しい時代がありました。

私はその頃にＵＳＪに入社し、Ｖ字回復していく最中に、人事、人材育成、人材開発の仕事をしていました。

入社したばかりのある日のこと、現場に出ていると、ゲストのこんな声が聞こえてきました。

「ディズニーランドでは○○してくれたのに、ＵＳＪではやってくれないんですか？」

ゲストからすると、同じテーマパークなのにと思ったのでしょう。しかし、ディズニーランドとＵＳＪはまったく別のコンセプトからなるテーマパークです。それぞれ違う特徴やこだわりがあり、独自の世界観をつくり出しています。

ディズニーランドは"夢と魔法の王国"であり、非日常を提供する場です。バックヤードを見せず、お客様の気持ちを察して夢を叶え、ご要望にお応えする素晴らしさがあります。

一方のＵＳＪは、パワー・オブ・ハリウッド、ワンダー（情緒的）な体験など、映画の世界観を中心に、情緒的なつながり体験（ワクワク、ドキドキ、感動のあまり思わず声を漏らして

しまうような体験、感情や味わい・雰囲気）を大切にし、撮影所ならではのセットやさまざまなワンダー体験を楽しんでいただく場です。セットを支える鉄骨をあえてゲストに見せて臨場感を演出し、ここにしかない体験を経て、ゲストに最高の１日を過ごしていただくことにスタッフは心を砕いていました。

「ＵＳＪがどんなテーマパークなのかをさらに知ってもらうことができれば、こうしたことはなくなるはず」。そう考えた私たちは、ゲストには「本場ユニバーサル・スタジオならではの映画演出を感じ、ここでしか体験できないワンダーな機会に出会うことができますよ」とお伝えするようにし、スタッフたちには「ＵＳＪらしい価値をゲストに知ってもらおう！」と声かけをしていったところ、ディズニーランドとはまったく違う魅力に気づいていただき、今のような人気のテーマパークになったのです。目の前の対処だけでなく、その先に目指していたことを意識できたことで実現できたのでしょう。

☑ リーダーの指示において部下が嫌う２つのこと

リーダーシップを発揮し、チームのメンバーたちとポジティブな関係を築くうえで、また、部下やメンバーの成長をサポートし、パフォーマンスを上げるうえで、リーダーの「言葉」は大きな役割を担っています。

リーダーが部下やメンバーに言葉がけする際に知っておきたいポイントが２つあります。

1 　脳は空白を嫌う
2 　主語の曖昧さを嫌う

それぞれ見ていきましょう。

1 脳は空白を嫌う

脳は空白を嫌います。空白とは、「わからないこと」です（余白とは違います）。

どうすればいいのか、どう考えればいいのかがわからないと、混乱したりモヤモヤしたりして、落ち着きません。

そこでどうするかというと、自分でその空白を埋めようと脳みそがフル回転を始めます。答えを見つけることで、空白を埋め、自分を落ち着けようとするのです。

つまり、相手の脳に空白をつくる、空白があることに気づかせると、相手は考えざるを得なくなります。

では、どうすれば相手に空白を意識させられるかというと、問いかけることです。問いかけには、次の3種類があります。

①**質問** （気づいている、気づいていないにかかわらず）すでに答えを持っている相手から情報を引き出すもの。
⇒質問は相手の情報を引き出す機会となる。

②**発問** 尋ねる側の中に答えがあり、相手がその答えを導き出せるように問いかけるもの。先生が生徒に対して与える課題など。
⇒相手に考えさせる機会を与えることになる。

③**問い** 尋ねられたことに対し、相手が前のめりになって「考えてみたい！」となるもの。尋ねる側も質問を受ける側も誰もその答えを持っていないため、問いかけ＆答えのディスカッションを通して私たちが向かうべきゴールを探るもの。
⇒お互いに創造的な対話を促す機会となる。

　どれも、会話の中で使っているとは思いますが、意識して使っていただきたいのは③の「問い」です。

　誰も答えを持っていないということは、誰も知らないワクワクするアイデアや価値を共に生み出すことができるということです。また、リーダーが問いかけを続けることによって、部下やメンバーが自ら気づきを得るきっかけを与えることにもなります。

　大切なことは、相手と共にワクワクする価値を生み出す際、私たちの中にある前提という固定概念や固定観念を揺さぶりながら、当たり前を疑い、対話を進めていくことです。

　ただし、間違っても、問いに正解を求めてはいけませんし、答えを強要してもいけません。

「問い＝強制的に答える」というイメージにならないよう、お互いの発言を尊重し、言葉を重ねていく中で共通理解へ向かいましょう。

2　主語の曖昧さを嫌う

　人に何か指示を与える時、主語が曖昧だと、誰が主体かがわからないため、皆が「自分ごと」だと捉えることなく、責任逃れをしてしまいます。これでは、チームも組織も崩壊してしまいます。

「誰が」行うのかという主語を明確にしなければ、「誰でもいい」ことをやらされていると感じたり、「（自分に）言われたら」やればいいと指示待ち状態になったり、やる人とやらない人が出てきたりして、チーム内がバラバラになってしまいます。

　また、次のような言い方も要注意です。

「このタスクを早めに終わらせないと幹部からの評価が下がる

よ」

「本当に上は厳しいよな。俺もつらいよ」

　一見、部下と同じ目線に立ち、部下の肩を持つやさしい言葉がけをしているように見えますが、実際は、部下の視座に降りてきてしまっているので、リーダーとしての役割を放棄しているのと同じです。そのうち、上司・部下といった関係性が希薄になり、部下の成長欲求も止まってしまいます。

　さらに、次のような伝え方もＮＧです。

「今週は営業新規開拓△△件、チーム全員で達成しよう！」というスローガンのような伝え方です。

　これでは、皆が「営業がんばろう」とは思うものの、誰が何を行うのかが不明確なため、自ら率先して動かないことが多々あります。目標がなかなか達成できないという事態が起きるのはそのためです。

　日本語の会話は、とかく主語・主体を抜いてしまいがちですが、リーダーは部下やメンバーが自ら動けるよう、どんな時も「○○さん」と名前を呼び、チームで動くことであっても、あえて「チーム皆でやろう。まず○○さんは〜」などと、主語を必ず入れて話しかけることを常に意識しましょう。

☑ なぜ、何を、いつまでに、どこまでを明確にする

　部下やメンバーが行動を起こすには、曖昧な部分を徹底してなくすことが必要です。

「なぜ、それをする必要があなたにとってあるのか」

「何を、具体的に行うのか」

「いつまでに、行うのか」
「どこまでやったら、OKなのか」

　主語だけでなく、「なぜ、何を、いつまでに、どこまで」を明らかにして、自分たちで何をすべきか、判断できるように伝えるのです。

　その際、「なぜ、それを相手にしてほしいか」まで伝えられるといいでしょう。

　「うちのチームにおいては、営業新規開拓△△件という課題が与えられました。これをチームメンバー全員で解決していきます。○○さんは、チームメンバーの中でも◇◇が特に強みで、得意だと思うので、□□日までに◇◇を行い、それをもって新規開拓◎件、当たっていきましょう」などと、それぞれの立場や立ち位置で行うことを明確にすることで、「これなら、やれそう」という気持ちにさせるのです。

　リーダーは、全体最適な思考や行動を示し、実践できる場を提供することが役割であり、そのことを通じて部下やメンバーは経験を積み、成長することができるのです。

チームのコミュニケーション力を
高めるワーク

　チームのコミュニケーション力を高めるうえで、オススメの
ワークがいくつかあります。

　その中から、すぐにできて効果的なものを３つ紹介しましょ
う。

ワーク① ▶ ありがとうの数を意識するワーク

「ありがとう」の数を意識するというワークをご紹介します。

　日本人の癖として、何かを手伝ってもらう際に「すみません」
を使います。「すみません」という言葉は、「何か悪いことをさ
せてしまっている印象を与える」表現です。

「ありがとう」の語源は"有ること難し"です。有ることが難
しい、つまり、当たり前ではないということです。だからこそ、
相手に対する敬意を感じる場を意識的に増やすのです。

　ワークは次の３つのステップで行います。

1　「すみません」を「ありがとう」に変える
2　「小さなありがとう」を増やす
3　１日にどれだけ「ありがとう」と感じられることがあった
　　か数える

　1は、つい口にしてしまう「すみません」を「ありがとう」
に置き換えるだけです。

　2は、「いつも・今日も・〇〇してくれて」という小さなありがとうを意識して行動します。

　3で、1日の終わりに何回「ありがとう」を伝えることができたのか、数で把握します。

「ありがとう」は、当たり前だと思っていると出てこない言葉です。「ありがとう」を使うほど、また受けるほど、お互いの信頼関係が高まり、良い「場」が生まれます。

ワーク②　ポジティブアクションカード

　相手の良いところを見つけ出し、褒める機会をつくり出すワークをご紹介します。

　おそらく、本書を手にされているリーダーの方の多くが、"褒める"という行為を意識的に行っていることでしょう。

　ですが、褒めるには"褒める力"が必要です。まず、相手に感謝をし、そのうえで「褒める＝承認する」を行います。感謝に気づくことができないと、本当の意味で相手を褒めることができないからです。

　手段として"褒める"という行為を使ってしまうと、相手を褒め間違え、相手を不快にさせ、信頼を失ってしまうことさえあります。注意が必要です。

　ワークは、名刺大の白いカード（裏側から字が透けて見えない厚さの紙でもＯＫ）を数枚用意して、次の3つのステップで行います。

1　相手の行いに感謝する
2　相手が行動してくれたことがいかに役立っているかを、体

験したその場で、カードに記入する
　　※相手のどんな行動を承認するかは、皆さんの会社の企業理念、使命、
　　　ビジョン、行動規準などを参考に、4つに絞ってあらかじめ決めて
　　　おく。
3　カードに記入した行動を、直接、皆の前で褒める（承認する）

　"直接"と"皆の前"の2回、褒める機会を設けることで、相手にあなたの気持ちが真摯に伝わり、相手の自己肯定感、さらにはチーム皆の肯定感が上がり、一体感が生まれます。

ワーク③ ワクワクアイデア創造会議

　チームメンバーがワクワクする場、良き人間関係が生まれるアイデア出しの方法についてご紹介します。これは2人以上で行うワークです。チームメンバーと共に行うといいでしょう。
　ワクワクするアイデアを出すにはコツがあります。それは、"決めないこと"です。
　何か実現したいことがある場合、どのように実現させるのかを考え、その方法を決めてしまうと、それが制約条件となってしまいます。
　また、何かを決めなければと考えると、今までどこかでやったような内容が出てきてしまいがちです。早く決めようとしてしまうからです。
　新しいアイデアを生み出すには、「こんなことができたらいいのに」など、子どものように制約なく自由にワクワクしながら考える機会を設けることです。
　ワークは、次の5つのステップで行います。

1　何でもありとして、どんなことができるかを考える

2　1のアイデアに対し、"なのに"と自分で問いかけ、さらに考える
　　※「これはこうだろう」という思考の枠組み（前提・固定概念）を超え、「これはこうだろう。なのに、こんなことも考えられるのではないか」など、柔軟さを意識する。

3　参加者がそれぞれ思いついたことを発表＆質問し合う
　　※出てきたアイデアは否定せず、さらにそのアイデアを深める（実現にむけて具体的にする）ために前向きな質問をし合う。

4　多くのアイデアの中から、「これは自分が関わって実現したい！」と感じたものに「いいね！」と手を挙げる

5　最終的に「自分が参画したい」と思ったアイデアの発案者に意思表示をして、取り組む

　1で出てきたアイデアをさらに展開するのが2です。
「〇〇なのにAをやったら、こんなことができる」という思考をどんどん広げていくのです。
　ファシリテーターが、「"なのに"で考えてみましょう！」と投げかけをすると、より発展していくでしょう。

　自由に、制限なくワクワクするアイデアを出すには、固定概念を排除するルールを設けたうえで対話をすることです。「何でもあり」ですから、突飛な発想がどんどん出てきて、楽しくなり、自然と笑顔が溢れ、思考もやわらかくなります。その結果、ワクワクするアイデアに出会えるのです。

第 5 章

チームが成長し
続けるために
リーダーが実践
すべき6つのこと

For new leaders

デ　ィズニーランドやＵＳＪでは、季節ごとにさまざまなイベントやショーなどが開催され、ゲストの心をつかんでいます。また、新しいアトラクションを導入しては、新しい体験価値を提供し続けています。

　ゲストはそのたびにワクワクし、足を運び、その世界に酔いしれます。

「私たちに想像力（創造力）がある限り、ディズニーランドは永遠に完成しない」

　このウォルト・ディズニーの言葉の通り、ディズニーランドはもちろん、ＵＳＪも常に進化し続けており、今後も完成することはないでしょう。

　これは、アトラクションだけの話でなく、仕組み、サービス、そして働き方など、私が働いていた時も、「現場」は常に変化をし続けていました。「これでよい」という選択肢はなく、「次はこうしてみよう」「ここを変えてみたらどうだろう」と、進化、発展、成長がベースにありました。

　その根底にあるのは、「ゲストを幸せにしたい」という思いです。

　どのようにしたらゲストはさらに笑顔になってくれるだろうか、そのために私たちは、どんなことを提供できるだろうか――。

　日々、キャストやクルーたち自身もワクワクしながら考え続けているために、たくさんの価値が生み出され、組織やチームの原動力にもなっています。

　その結果、いずれも人気のテーマパークであり続けているのです。

　テーマパークならではの、ワクワクをつくり続け、変化し続けることで、チームがうまくいく方法を学びましょう。

チームの力はスキルではなく
つながりで強くなる

☑ 全体は部分の総和に勝る

Google 社では、従業員の働き方についての研究・検証が盛んに行われています。

2012 年に、生産性の高いチームの共通項を知るために行われた「プロジェクト・アリストテレス」という有名な研究があります。プロジェクトの名は、アリストテレスの「全体は部分の総和に勝る」という言葉にちなんでつけられたものです。

それまで Google 社の経営陣は、生産性の高い効果的なチームをつくるためには、最高の人材を集めればいいと考えていました。しかし、このプロジェクトの結果、その考えがまったくの間違いだったことに気づきます。

180 のチームを対象に行われたこの調査では、チームの生産性に直接的に関係しているのは、優れたエンジニア、ＭＢＡホルダー、博士といった、高度なスキルや才能を持ったメンバーの数ではなく、チーム内の行動規範や慣習といったチームビルディングという「チーム内で協力できる軸があるか」にあることがわかったのです。

チームの構成ではなく、チームの協力体制こそ、生産性につながるというわけです。

　リーダーであるあなたを含むチーム全体が成長し、生産性を高めていくには、メンバーがそれぞれの立場で、自身の役割を全うし、協力できる体制が整っているかを、リーダーが常に考え、行動することが必要です。

　人は、それぞれまったく違う思考癖を持っています。つまり、1 つのチームとはいえ、メンバーの数だけ思考癖があるわけです。この違う思考癖の人たちが協力し合えるからこそ、ワクワクできる新たな力が生まれ、それがチームの力となります。

　つながりを感じることで結束力が高まり、エンゲージメントが構築でき、成長するチームとなっていくのです。

☑ 部下やメンバーをまず信じる

　チーム力を高めるうえでリーダーの最も大事な役割が、「部下やメンバーをまず信じる」ことです。

　部下やメンバーは、リーダーに信じてもらえると嬉しく感じ、やる気が出てきます。人は誰もが承認欲求を持っているので、認めてもらえると喜び、ポジティブな気持ちになります。そして、もっと認めてもらえるようにと、さらに頑張ろうという気持ちになります。

「部下やメンバーをまず信じる」という行為は、とてもハードルが高く感じるかもしれません。仕事が万全ではないでしょうから、心配もあるでしょうし、不安もあるでしょう。

　第 2 章でもお話ししましたが、人は、いつもその瞬間に、その人ができる最善と思われることを選択して行動しています。

　まずは、そのことを「信じる」「認める」ことから始めましょう。

　気になることがあったとしても、まずはいったん部下やメン

バーの言葉や行動を承認します。「頑張っているね」「よくやっているね」など、Ｉメッセージの形で、リーダー自身がどのように感じたのか、相手の行動を認める言葉をかけると、相手もリーダーからの信頼を感じ、モチベーションが高くなります。

　その後で注意や指導をする場合も、まずはその人の良いところや伸びしろなどを捉え、「成長が楽しみ」など、部下やメンバーが成長することを信じ、敬意を持って伝えましょう。

　リーダーが率先して部下やメンバーを信じることで、部下やメンバーもお互いを受け入れ、信じるようになっていきます。

　リーダーに信じてもらえていることで、人に信じてもらえる嬉しさを知り、心に余裕が生まれ、リーダーが信じる人なら信じてみようという気持ちになるのです。

　さらには、チーム内において共通の行動規範（行動規準）が存在することによって、どのリーダーからも同じ軸での評価をもらえることから、組織としてリーダー同士の評価も統一されます。これにより、リーダー自身も自信を持って部下やメンバーに対して接することができ、部下やメンバーもリーダーたちが伝えてくれる内容に一貫性があるので、それを信じることができるのです。

　お互いを信じ合うようになると、それがチームの慣習となります。そのため、新しくメンバーが入ってきても最初から信じるようになり、協力し合います。

　部下やメンバーは、共に私たちが掲げる理想のゴールを実現するために集まった、大切な存在です。

　素晴らしい部下やメンバーが自分のチームで働いてくれてい

ることを認識し、彼らの行動の価値を見出し（評価し）、成長させる（目標達成に関わる成長要因を伸ばす支援をする）力を持っているのがリーダーであるという自覚を忘れず、1 人ひとりを尊重し、感謝の念を忘れず、配慮をもって、丁寧に接しましょう。

　チームの仲間は、かけがえのない宝なのですから。

支援し合う関係になる

☑ お互いの "Win" を提供し合う

　現場では、状況に合わせて柔軟に対峙し、部下やメンバーを支援してくれるリーダーが求められるというお話をしました。

　成長するチームは、部下やメンバーとリーダーが「支援し合う」関係を築いています。

　私はこのことを、「Win-Win」の関係と言っています。

　Winというと「勝つ」という意味が思い浮かぶと思いますが、ここでのWinは「勝ち」という意味ではありません。上司・部下の関係や「勝ち負け」の話ではないからです。

　Winには「獲得する」「もたらす」「得る」といった意味もあります。つまり、**お互いが存在し、共に働くことで「自分の得たいものを得ることができ、相手も得たいものを得ることができる」関係**ということです。

「Win-Win」の関係になると、上司から仕事の指示をされた際、部下やメンバーは、「自分は何を"Win"するのか、そして、自分がその仕事をやり遂げることで、上司は何を"Win"するのか」を考えます。

　例えば、自分がその仕事をすることで新たな知識と経験を得て、その仕事ができるようになったら、それによって上司は、より高度な他の仕事に専念できる状態を獲得することになる、

という具合です。

「Win-Win」を意識して仕事に向き合うようになると、仕事をする意味がより深くなり、取り組み方が変わり、仕事の質が圧倒的に高まるのです。

　自分と上司、双方の"Win"が見えるから、与えられた仕事の意味と価値を、いっそう深く強く理解できるのです。

☑ 視座の移動を習慣にすることで視野が広がる

「自分は何を獲得するのか」と同時に「上司は何を獲得するのか」と考える。

　これは、部下やメンバーが上司の視座に立って、仕事について考えているということです。

　つまり、視座を移動させているのです。

　視座の移動を何回か繰り返していると、上司に限らず、メンバーやお客様、さらには組織など、相手がどの視座で物事を捉え、考え、見ているのか、ひいては、その役職や役割ごとの思考癖が見えてくる瞬間が出てきます。

　視野や視点を柔軟に移動できれば、相手のことを正面から捉えやすくなり、他者受容ができるようになります。

　リーダーと部下やメンバー、そして、組織がお互いを受容し、お互いに"Win"を提供し合うことで、チーム全体の視座が上がり視野が広がっていきます。

☑ 鳥の目、虫の目、魚の目を仕事に活かす

　私はよく、リーダー研修で、鳥の目、虫の目、魚の目という

表現を使って、チーム運営をするうえでリーダーが持つべき視点についてお話ししています。

それぞれご説明しましょう。

鳥の目……誰よりも高い位置（視座）から「俯瞰的に全体を見渡す」ことができる状態

例えば、目の前の現実に対して部下が「できない」という判断をした際に、部下がどうしてできないと感じたのかを見るのと同時に、できる方法は他にないのかなど、部下が見えていない範囲も意識して考えることです。

虫の目……複眼（多数の小さな目が集まってできた目）。さまざまな角度から物事を捉え、柔軟に考え、見ることができる状態

例えば、部下が何かを解決したいと考える時、往々にして1つの方法や手段のみで考えてしまうことがありますが、部下と違う方向から見たら違う方法や手段があるのではないかと、1つの事実に対して複数の選択肢を意識して持ち、可能性を広げて考えることです。

魚の目……干潮・満潮など潮の「流れ」を見失うことなく捉えることができる状態

例えば、部下の仕事の状況を見ながら、「その仕事は何のためにするのか」「これを継続すると、どこに向かうのか」とい

う流れを部下に示し、明確に最後まで完了させるために、適宜、
コミュニケーションをとったり、経営状況や社会状況を見たり
しながら、舵取り役として全体の流れを見て先回りをし、部下
を先導することです。

　リーダーは、これら3つの目（視点）を意識して活用するこ
とで、部下やメンバーのモチベーションをサポートすることが
できます。

　広い視野から（さまざまな視座を総合的に捉えながら）見る
こと（鳥の目）で部下やメンバーが困っている時に適切なサポー
トができ、部下やメンバーの状態を、一面的ではなく複眼的に
（複数の選択肢を持って）見ること（虫の目）で可能性を広げ
ることができ、チームにとってどのようなメリットがあるのか、
顧客や社会にとってどのようなプラスの影響力があるのかを魚
の目で見続け、部下やメンバーに伝え続けることで、彼らは未
来志向を学び、仕事に対する意識を高めることができるのです。
「鳥の目」で【視座高く、周りをしっかりと見渡し】て、「虫の目」
で情報を【多角的に眺め総合的な判断を下し】、「魚の目」で【時
流に沿って未来志向でプロセスを見極めながら、決断を行う】。
　お互いの "Win" のために、それぞれができることを支援し
合うことで、チームの可能性も広がっていくのです。

「ショウハウ」の前に 「ノウハウ」を伝える

☑「やり方」をいくら伝えてもマインドは浸透しない

ディズニーランドやＵＳＪには、「世界有数のホスピタリティ」を学ぶために、他の企業で働く人々が大勢見学にやって来ます。

彼らは、キャラクターや景観ではなく、スタッフの動きやお客様への声のかけ方などを写真やビデオに収めたり、ノートやメモに書いたり……と、明らかに他のゲストと違う動きをしているため、すぐにわかります。

しかし、いくら現場でのサービスという目で見たものを詳細に記録し、自社に持って帰ってコピーして実践したとしても、きっとうまく機能しないはずです。

なぜ、うまくいかないのか？ それは、「在り方」と「やり方」の違いで言うと、「やり方」という表面的なところしか見ていないからです。

人に伝える時は、「在り方」をノウハウ（Know-how。どのようにそれを理解しているか）、「やり方」をショウハウ（Show-how。どのように表現するか、見せるか）と言い換えたほうがわかりやすいので、ここでは、ノウハウとショウハウで説明していきます。

　ディズニーランドを視察してショウハウを学んだだけで、サービスが向上したという話は聞いたことがありません。

　ショウハウの前にノウハウを伝えて、当事者が腹落ちするまで理解できなければ、実践に落とし込むことはできないからです。

　ディズニーランドには、「The Four Keys ～ 4 つの鍵～」という行動基準 SCSE があります。

The Four Keys ～ 4 つの鍵～

【Safety（安全）】

　安全な場所、やすらぎを感じる空間をつくり出すために、ゲストにとっても、キャストにとっても安全を最優先すること。

【Courtesy（礼儀正しさ）】

　"すべてのゲストが VIP" との理念に基づき、言葉づかいや対応が丁寧なことはもちろん、相手の立場に立った、親しみやすく、心をこめたおもてなしをすること。

【Show（ショー）】

　あらゆるものがテーマショーという観点から考えられ、施設の点検や清掃などを行うほか、キャストも「毎日が初演」の気持ちを忘れず、ショーを演じること。

【Efficiency（効率）】

　安全、礼儀正しさ、ショーを心がけ、さらにチームワークを発揮することで、効率を高めること。

※ 2021 年に新たな規準が追加され、現在は 5 つの鍵となっています。

【Inclusion（インクルージョン）】

　さまざまな考え方や多様な人たちを歓迎し、尊重すること。すべての鍵の中心にあり、他の 4 つの鍵のどれにも深く関わること。

この規準は、株式会社オリエンタルランドの公式サイトでも公表されている情報です。しかし、この規準を現場スタッフ１人ひとりに落とし込む段階のノウハウは、どこにも出していません。

　ノウハウの部分は、それぞれの企業、団体、組織、チーム独自の大切にすべき考え方や価値観、行動規準、行動達成水準などを土台として考えてオリジナルでつくり出すものです。

　このノウハウ部分をしっかりと設計し、浸透させないと、現場のスタッフは「わからない」「なんとなくこうかな」と勝手に解釈してしまい、曖昧な行動しか生み出さないため、自社らしい行動や判断を生み出すマインドまでは理解することはできず、統一感ある自社らしさをうまく表現できなくなるのです。

☑ ノウハウがすべての根幹となる

　ショウハウ（やり方、手順、マニュアル、その言動など）は、目に見えるため、観察すれば理解できるので、実践も可能でしょう。

　しかし、ノウハウは、「なぜ、そうあるべきか」といった行動の目的や価値、本質など、私たちが大切にしなくてはならないことなので、これがわからないままだと、実際、どこまで言動で表現するのかという行動規準がどうしても曖昧になってしまいます。

　行動に一致感・一体感が生まれず、自社らしさも表現しにくくなります。

　例えば、雨上がりのある日、雨水を拭こうとスタッフがベン

チの掃除をしていたとします。

　ショウハウだけ意識しているスタッフだとしたら、マニュアル通りの手順でしっかりと拭き上げます。もちろん、悪くはないです。

　しかし、ここにノウハウという私たちが大切にすべき考え方や価値規準が入ると、通常の手順はもちろん、次に使うゲストが安心・安全に座れるかどうかという価値規準で掃除をする行動が生まれます。

　拭きながらベンチのグラつき具合を確認し、ボルトは固定されているか、座面にささくれた箇所などはないかなどをチェックして、赤ちゃんが座っても大丈夫なベンチを目指し、丁寧に意識して拭き上げます。

　ゲストに心から安心してベンチを使っていただき、楽しい1日を過ごしてほしいという思いを形にするためです。

　このノウハウが、すべての行動の根幹にあるため、目の前の事象に合わせて、スタッフは自身がとるべき行動がわかり、成果が生まれます。

　その積み重ねにより、感動と自社らしさが表現されているために、ディズニーランドはリピーターが9割という唯一の存在となるのです。

皆でバッターボックスに立つ

☑ Swing the bat!

　チームや組織のように複数のメンバーで仕事をしていると、つい「誰かがやってくれるだろう」「わざわざ自分がやらなくてもいいだろう」と、目の前の課題を先送りしてしまう人も少なくありません。

「このやり方は改善したほうがいいのに」「こんなサービスがあったら顧客満足度が上がるのに」など、気づきやアイデアが生まれても、行動に移す前に自らストップをかけてしまうのです。

　メンバーが他力本願になってしまうと、チームの成長も滞り、ともすれば衰退しかねません。そうならないために最も有効な手段は、リーダーが自ら行動することです。

　私がユー・エス・ジェイで働いていた時、社員として大切にしていた言葉があります。当時のユー・エス・ジェイの社長が社員に対して掲げていたスローガンです。

"Everything is possible. Swing the bat! Decide now. Do it now."

　日本語に訳すと、「チャレンジすれば可能性は広がる。すべ

ては可能になる。失敗を恐れず、自ら決断し、今こそ行動しよう！」という意味です。今でも肝に銘じています。

特に気に入っているフレーズが、"Swing the bat!"、「バットを振ろう！」です。

この言葉には、現場のリーダーに対する、「スタッフ1人ひとりがまずはバッターボックスに立てる場をつくろう」「バットを振るチャンスをどんどん与えていこう」という意味も含まれています。

まずは、リーダー自身がバッターボックスに立ち、バットを振りましょう。どんな剛速球が来ても、勇気を持って、思い切り振ってください。バッターボックスに立つからこそ、剛速球がどんなものかを見ることができ、知ることができるのです。

また、バットを振る姿は部下やメンバーに見せましょう。

リーダーの仕事は、自らが"変化の起点となる"ことにあります。

変化とは、言うまでもなく、現状とは違う行動を起こすことで生み出される状態を指します。

まずは、リーダー自身が行動することで、変化を起こしていきましょう。

☑ バッターボックスにどんどん立つ

部下やメンバーが「何かやりたい」と自分から手を挙げた時には、同じようにバッターボックスに立たせてあげましょう。バッターボックスに立つからこそできる経験を積ませてあげるのです。

不安があったとしても、力強くバットを振る経験ができるの

は、バッターボックスに立った者だけです。

空振りしたっていいのです。

元大リーガーのイチロー選手は、4割打者として有名ですが、裏を返せば6割は凡退していたわけです。

イチロー選手の素晴らしさは、10打席中6回失敗しても、バッターボックスに立ち続け、通算安打世界記録を樹立したことです。さらに失敗体験からヒットの確率を上げるためには何が必要なのかを考えてバットを振り続けました。こうした彼の姿を見て、チームも場を提供し、応援し続けたのです。

バッターボックスに立つメンバーも、不安がないわけではありません。ですからメンバーをバッターボックスに送り出す際には、「普段通りにやれば、大丈夫」「失敗しても、ゲストのために一生懸命やっていることはわかっているから。何かあればサポートするから」などと声をかけて安心感を与えます。

そして、フルスイングできたメンバーに対しては、称賛と激励を惜しみなく言葉や態度で（労い、誇りに想う気持ちを表情を添えて）伝えてください。

その後でバットを振った実体験を共有し、改善点があれば話し合い、次のステップへつなげる行動の在り方、やり方を確認し、成長につなげていきましょう。

☑ スタッフがフルスイングして急成長したＵＳＪ

私が、ＵＳＪに入社した時、経営陣から期待されていたことが2つありました。

ゲストサービスの向上と、人材育成の質の向上です。

　それを受けて、ある時、リーダーたちがゲストサービス向上について学ぶ機会を提供したことがありました。すると、リーダー自身が普段考えていたことや現場スタッフの生の声として、「もっとこうしたい」「こんなことがやりたい」とポジティブな意見やアイデアがたくさん出てきました。

　その中の 1 つに、「もっとフレンドリーに、フランクに、お客様とコミュニケーションをとりたい」というものがありました。もちろん、それまでも明るく元気よく挨拶し、お声がけをしていましたが、自社らしさや私たちらしさをさらに表現すれば、お客様にもっと楽しんでいただけるかもしれない、そう考えたのだと思います。
「お客様にもっと楽しんでもらうため、思いっきり自分らしさを発揮してもらおう！」
「そのためには、お客様の心に前向きにどんどん入っていこう」
　そう熱く語るリーダーたちの意見を聞きながら、いつしか私自身もワクワクしていました。
　こうして始まったのが、ゲストとのポジティブな関わりをつくり出す接客プロジェクトです。
　ゲストに積極的・肯定的に関わり、「束の間のまるで魔法のような素晴らしいスタッフとゲストとの情緒的な瞬間」をたくさんつくり出すという取り組みです。
「ようこそ〜、こんにちは！」といった言葉だけの挨拶ではなく、スタッフがゲストを観察し、創造的に相手が思わず笑顔になったり、想像を越えるような驚きなど、こちらから積極的な身振り手振りをつけて全身で表現する関わりが増えていきました。そのやりとりは何通りもつくり出され、出会うスタッフが

さまざまな表現で、関わりを持ってくれるので、次に出会うスタッフはどんなやりとりをしてくれるんだろうと、期待とワクワクするような瞬間がパーク中に溢れ、変わっていったのです。

　結果として、この取り組みはゲストの間でも人気となり、ＵＳＪのＶ字回復の基盤となるプロジェクトに成長していきました。

　このように、リーダーが意欲を持って、スタッフがゲストのために思う存分フルスイングできる場をつくり出すことで、スタッフ（人）が経験を積み、刺激を受けて成長し、1人ひとりが成長することでチーム全体が成長し、会社が成長するのです。

　リーダーが"変化の起点となる"ことで、大きな成果につながるというわけです。

圧倒的にやり切る

☑ ゴールは明確に設定する

突然ですが、ちょっと想像してみてください。

皆さんはマラソンランナーです。著者である私があなたの監督だったとしましょう。

さて、今日はマラソン大会です。あなたは、準備万端、やる気満々の状態で、スタートラインに立っています。後は、スタートの合図を待つばかり……。そんな中、監督である私から急に「ごめん。今日のマラソンのゴールなんだけど、0.5キロ先か、10キロ先、もしくは100キロ先か、ちょっとわからないんだ（汗）。でも、一生懸命に走ってほしい！」という指示が来たとします。

あなたはどんな気持ちになりますか？

ゴールが曖昧になった瞬間に迷いが出て、どうしたらよいのか思考が止まり、立ち止まってしまうのではないでしょうか。

いざスタートしても、100キロ先かもしれないゴールのことを考え（まず100キロなんて無理だというネガティブさも相まって）、力をセーブしながら全力では走らない（走れない）のではないでしょうか。

そんなあなたの姿を見て、監督である私が、「〇〇さん（あなたの名前）の実力はそんなもんじゃない！　全力で走るん

だ！」と言ったとします。

あなたは、どう思うでしょう？

ゴールが曖昧で走り方も混乱する中、監督の理不尽な指示に対して改めて腹が立ち、本来の走り方もできなくなるでしょう。

レース後も、監督である私に対する信頼が持てなくなるのではないでしょうか。

あなたが全力で本来の走りをするには、何が必要だと思いますか？　答えは、３つあります。

１つは、明確なゴールです。

ゴールが明確であれば、そのゴールに向かって自分の持てる力を計算し、ベストを発揮する走りを考えますよね。ゴールが0.5キロ先だったら全力疾走で、10キロ先だったらペース配分を考えて確実にゴールを目指すでしょう。

次に、そのゴールに至った時に達成感が湧くような「場」を設けることです。

全力で走り切ってゴールしたら、監督（評価者）である私が「よく頑張ったね」「前回よりも記録が縮まったよ！　素晴らしい」といった声をかけてくれるなど、頑張れば承認される「場」が必ず待っていると信じることができれば、それを味わうために人は頑張れるのです。

最後に、次なる成長機会の提示です。

目で見え、耳で聞こえ、体感できるものなど、次なる成長した姿がどれだけ有益かを理解させる場の提供です。

人は事前にイメージできると、そのメリットを享受すべく、さらに挑み続けることができます。人は成長し続ける生き物です。具体的に思い描けるメリットさえ準備できれば、人はゴー

ルの実現に向かうということです。

　これら3つの準備は、リーダーが組織の意向と共に部下やメンバーのメリットとなる情報を入手することで、モチベーションを高く持つことができ、目的や目標を達成する可能性が高まります。
「準備が12割」の姿勢が成功の鍵です。

☑ チームのゴールは達成前提思考で

　チームが成長するうえでも、ゴールが軸になります。

　自分たちがどこに向かうのか、どのように向かうのか、どうしてそのゴールに向かうのかをリーダーが示すことで、チームが動きます。

　チームのゴールを設定する際のポイントは、ゴールの状態を明確にし、そこから逆算して、今すべきことは何なのか、何が足りていて、何が不足しているのかを認識できるようにすることです。

　そして、**常に"必ずできる"という達成前提思考ですべてをイメージすることです。**

　ゴールを達成している前提で、ゴールから遡り、今どうしたらできるのかを考えたら、後は、リーダー自ら圧倒的にその達成までのストーリーをやり切るだけです。

　部下がついてくるリーダーは、そのストーリーを皆に伝え、率先してやり切っています。

　その姿に部下やメンバーは、共感を覚え、尊敬し、信頼して、自らも行動することができるようになるのです。

圧倒的にやり切るリーダーには、いくつか共通点があります。「リーダーとしての7つの在り方」と言えるでしょう。

　1つ目は、「謙虚さ」です。
　周囲で働く人への気遣いや配慮を欠かさない謙虚さを持っています。
　例えば、掃除をする時も、自分の作業のことだけでなく、一緒に作業をしている人のことまで視野に入れて動きます。

　2つ目は、「気づきやすい」ことです。
　パッと見ただけの表面上での気づきではなく、実際に取り組むことでしか得られない深い気づきに注目し、そこから学ぶことができるということです。
　例えば、掃除をする時、ただ掃除をするのではなく、あそこも汚れているからやっておこうと細やかに気づいて動きます。

　3つ目は、「感動する心がある」ことです。
　ここで言う"感動"とは、人の話を聞いたり本を読んだりして「すごい！」と感じることではなく、自分で実践したからこそ得られた深い気づきのことです。行動した人だからこそ得られた気づきという"感動"に、人は共感を覚えるのです。

　4つ目は、「感謝の心がある」ことです。
　ここまでお話ししてきた、謙虚さ、気づきやすさ、感動する心を持って行動できる人は、些細なことにも"有難い（すべて、あることが難しい＝奇跡の連続）"と思えます。
　部下がエレベーターのドアを開けて待ってくれているだけで

も「ありがとう」と自然に言えるリーダーに、人はついていき
たくなるものです。

5つ目は、「心を磨いている」ことです。

気になることがあれば、何度でも納得いくまで行動し、やり
切ります。それは自分の心を磨いているのと同じ状態です。

6つ目は、「心で感じられる」ことです。

目に見えることだけで判断するのではなく、相手の思いを感
じ取るなど、目に見えないことからも情報を得ることができま
す。心が敏感なので問題も素早く察知し、早く解決できます。

7つ目は、どのような限界に直面しても「必ず 40％の壁を
越える」ことです。

成功するルールはただ1つ、諦めないことです。つらい時、「限
界だ！」「もう、無理だ！」と心の声が叫ぶのが、私たちの持っ
ている能力の 40％を発揮した時と言われています。この「40％
の壁」を越えて、自分の新しい可能性を自ら広げていくことが
大切です。大丈夫。まだ 60％の未知なるあなたの使っていな
い力が残っているのですから。

圧倒的な成果を出すリーダーは、部下やメンバーと共にゴー
ルに向かい、諦めず行動し続けます。そして、自らもこの「リー
ダーとしての 7 つの在り方」を 1 〜 7 つ目までを意識し、1 つ
ひとつ順番にクリアして自らを成長させるために行動し続ける
のです。

行動し、変化し続ける

☑ すべてが行動あるのみ

　あなたは、自分がやりたいことがいくつあるか、把握しているでしょうか？

　毎年、やりたいことをいくつ叶えているでしょうか？

　私は、毎年年始に、その年にやりたいことを 100 個書き出しています。昨年は、そのうち 90 個ほど叶えました。

　90 個という数に驚かれるかもしれませんが、行動すると、行動した分だけ叶います。

　売上げ目標も、苦手な人と仲良くなることも、この本を出すことも、書き出した 100 個のうちの 1 つです。**すべて行動したことで叶えました。**

　やりたいことがあっても実現していない人は、ほぼ行動していません。「こんな計画を立てました」「やろうと思っています」と口では言うのですが、後日、「やったの？」と聞くと、動いていないことがほとんどです。

「やってみたものの、失敗して、ちょっと腰が引けてしまった」というならまだわかります。ですが、行動に至っていないと答える人がほとんどなのです。行動しなければ、当然、実現はできません。

　例えば、100 個のうち 30 個がどうしても叶わなかったら、新たに 30 個、別にやりたいことを見つければいいのです。そして、また行動する。すべて、その繰り返しです。

　行動することにマイナスのことなどありません。プラスしかないのです。行動あるのみ、です。

　実際、動けば動くほど、面白いように人とつながって、「この人に会いたかった！」「これがやりたかった！」と喜ばしい出来事が、数珠つなぎのように起こり始めます。

「心身一如」という言葉があるように、心と身体は連動していますから、下を向いて腕組みして考えごとばかりしていると、ネガティブな感情になります。逆に、前を向き、胸を開いて、身体を動かしていると、ポジティブな感情になります。

　もっと言えば、**行動とは選択の連続ですから、何かを選択するたびに、人生が豊かに、カラフルになっていくのです。**

　その醍醐味を知ると、行動している自分が当たり前になります。前にも少し触れたように、行動しないでいることがむしろ不安になるほどです。

　何もしないでクヨクヨ思い悩む時間があったら、何でもいいので 1 つでも 2 つでも行動に移しましょう。行動する人は変わり続け、成長し続けます。何があっても行動すれば前に進むので、怖いものがなくなります。

　リーダーシップは、私たちがどこに行くのか、何を実現したいのか、仲間を導く（仲間にイメージさせる）ことからすべてが始まると第 2 章でお話ししました。

　実は、その前にリーダー自身が動くことが必要です。リーダー

が動くから、部下やメンバーも動くのです。

　この本を閉じたら、あなたはどんな行動をとるでしょうか？
　それをイメージしながら、いつでもすぐに動ける準備をして
いると、フットワークが軽くなります。
　さぁ、準備は整いました！
　皆さん、リーダーとしての行動量を上げて、輝かしい可能性
を開花させていきましょう。

チームの空気が活発に変わる
「白いキャンバス8シート」

　チームのコミュニケーション力を高めるうえで、私がよく活用していたツール"白いキャンバス8シート"をご紹介しましょう。

　チームの状況があまり芳しくない時は、たいていコミュニケーション力が下がってしまっています。必要最低限しか話さなくなっていたり、チーム内がギスギスした張り詰めた空気感になっていたりといった状態を打開するには、ワクワクするような問いが必要です。ワクワクは、活気を生むからです。

　ワクワクする発言を生むこのシートは以下の通り使います。

1　Ａ４サイズの白い紙に、大きく９つのマス（縦３マス×横３マス）を描く
2　中心のマスに、「部下やメンバーと具体的に実現したいこと」を書き込む
3　残った８マスのうち４つに「実現の可能性を上げるために、部下やメンバーに効果的に動いてもらううえで必要なこちらから発信するテーマ」をまとめて書き込む。１つのテーマに、３つの情報を入れる
4　残りの４つのマスに「実現の可能性を上げるために、部下やメンバーの特徴（思考の４つの癖など）、リーダーとして理解しておきたい相手から聴き出したいテーマ」をまとめて書き込む。１つのテーマに、３つの情報を入れる

　８つのテーマ(24の情報)を用意し、共有することで、実現に向けたコミュニケーションを活発に交わすというわけです。曖昧な情報を潰しながら、ワクワク行動を起こしていきましょう。

すべての現場にワクワクする価値を 創り出す

「日本中にディズニーランドやユニバーサル・スタジオ・ジャパンのような現場を創り出す！」

これが私のミッションです。

このミッションを掲げて、日々、さまざまな業界、業種、地域の企業様、経営団体様、地方自治体様、学校団体様などで講演、研修、コンサルティングを行っています。

本書は、こうした活動の中で出会った方々からいただいたご相談や悩みを踏まえて、現場力が高いディズニーランドやユニバーサル・スタジオ・ジャパンで大切にされているメソッドを紹介、解説させていただきました。

いかがでしたでしょうか。

本書に出会ってくださった皆様が、今日から現場にて1つでも多くの進化し続けるリーダーの本質、考え方、行動を本書から捉え、積み重ね、成果を創り出していくことを心から願っています。

そして、志高く現場にワクワクする価値を生み出す"テーマパーク流人材育成リーダー"がたくさん育っていくことを夢みています。

最後にこの場を借りて、これまでお世話になった方々に感謝の意を申し上げます。

　まずは、この出版にご尽力いただきました、あさ出版の皆様、ご縁をつないでいただいたルネッサンス・アイズの加藤恵美さん、そして、テーマパーク時代、リーダーの在り方を常に見せてくださり、多くを学ばせてくださった森岡毅さん、村山卓さん、越川昌洋さん、まだまだ書ききれない上司の皆さん、共に切磋琢磨し、ゲストにワクワクする価値を創り出してきた仲間の皆さん、株式会社ワンダーイマジニア創業時から共にパートナーとして参画してくれた星崎剛士さん、創業時から、テーマパーク流人材育成を信じ、導入し続けてくださっている企業の皆様、常に私を励まし、温かく見守り、応援してくれている家族、私を育ててくれた両親、祖父母には、心から感謝しています。

　そして、本書を読んでくださったすべての読者の皆様、ありがとうございました！

　私自身、今後とも皆様との出逢いにワクワクしながら、日本中、世界中で皆さんのお役に立てるよう、志高く、微力を尽くして取り組んでまいります。

　今日も日本のどこかであなたを思いながら──。

　テーマパーク流人材育成・人材開発の力で、
　すべての現場にワクワクする価値を創り出す！

株式会社ワンダーイマジニア

代表取締役　今井 千尋

◎主な参考文献＆サイトほか

・東京ディズニーリゾート　https://www.tokyodisneyresort.jp/
・ユニバーサル・スタジオ・ジャパン　https://keysession.jp/article/Adaptive-leadership/
・Disney Park & Resort　https://www.disney.co.jp/park
・行動規準「The Five Keys 〜 5 つの鍵〜」
　http://www.olc.co.jp/ja/sustainability/social/safety/scse.html
・"Psychological Safety and Learning Behavior in Work Teams" Amy Edmondson (1999)
・"Psychological safety, trust, and learning in organizations: A group-level lens. Trust and Distrust in Organizations: Dilemmas and Approaches, 12, 239-272. " Edmondson, A. C., Kramer, R. M. & Cook, K. S. (2004).
・「ユニバーサル・スタジオ・ジャパンのインタラクティブな接客について　〜 The Interactive Customer Service in Universal Studios Japan 〜」玉越勢治、西谷萌衣　帝塚山学院大学研究紀要 第 2 号（令和 3 年）
・「ピクサーのスタイルマネジメント　〜 Style Management of Pixar 〜」岩谷昌樹　東海大学紀要政治経済学部 第 43 号（2011）
・「サービス企業における企業文化と接客従業員の共感・感動労働　──東京ディズニーランドを中心に──　〜 Corporate Culture and Empathy and Excitement Labor of Service Employees in Service Company, Mainly at Tokyo Disneyland 〜」中西純夫　国立大学法人 千葉大学　人文社会科学研究　第 24 号
・「USJ におけるコンプライアンスとリスクマネジメント〜 Compliance and Risk Management in USJ 〜」大森勉 株式会社ユー・エス・ジェイ、亀井克之　関西大学 社会安全学部
・『ウォルト・ディズニーの夢を叶える言葉』主婦の友社
・『ウォルト・ディズニー 夢をかたちにする言葉』講談社
・Worker's　Resort「スティーブ・ジョブズがピクサーオフィスに込めた想いとは」https://www.workersresort.com/jp/design/pixar/
・Real Sound「ピクサー社員はどんな環境で働いている？　ピクサー・アニメーション・スタジオ潜入レポ」 https://realsound.jp/movie/2017/01/post-3815_2.html

著者紹介

今井千尋 （いまい・ちひろ）

株式会社ワンダーイマジニア　代表取締役

日本で唯一、東京ディズニーリゾート®とユニバーサル・スタジオ・ジャパン®にて人材育成・人材開発担当を行ってきた「2大テーマパーク流人材育成　人材開発トレーナー」

1975年生まれ。神奈川県平塚市出身。立教大学観光学部卒。

東京ディズニーリゾート立ち上げ（東京ディズニーシー開業）時に、ディズニーユニバーシティリーダーとして導入研修にて5000名を超えるキャストの育成に従事。

ユニバーサル・スタジオ・ジャパン®においては、各部門の人材育成担当を歴任し、ゲストサービス施策であるマジカル・モーメント・プロジェクトの創設メンバーとして、CS向上に貢献。

全社人事時代には、ユニバーサルアカデミー（企業内大学）の設立に携わり、導入オリエンテーションを開発。全社導入教育の根幹を構築し、貢献してきた。

●ワンダーイマジニア　オフィシャルウェブサイト
https://wonderimagineer.com

ディズニーランド & ユニバーサル・スタジオ・ジャパンで学んだ

新しいリーダーの教科書　　　　　　　　　〈検印省略〉

2024年 4 月 15 日　第 1 刷発行

著　者——今井　千尋（いまい・ちひろ）

発行者——田賀井　弘毅

発行所——株式会社あさ出版

〒171-0022　東京都豊島区南池袋 2-9-9 第一池袋ホワイトビル 6F
電　話　03 (3983) 3225 (販売)
　　　　03 (3983) 3227 (編集)
F A X　03 (3983) 3226
U R L　http://www.asa21.com/
E-mail　info@asa21.com

印刷・製本　(株) 光邦

note 　　　http://note.com/asapublishing/
facebook 　http://www.facebook.com/asapublishing
X 　　　　 http://twitter.com/asapublishing

【新版】社会人として大切なことは
みんなディズニーランドで教わった

香取貴信 著

四六判 定価1,430円 ⑩

「ミーティングとは話し合いでなにかを決めること。評論家はいらないんだ」。
東京ディズニーランドのアルバイトを通して、少年が社会人として成長し、
さらに企業の現場教育をするまでになった体験をまとめた1冊。
ディズニーランドの文化、キャストの先輩たちの姿勢、ウォルト・ディズニー
の教えから学んだ働くこと、教えること、本当のサービスとは──。

マンガで学ぶ 社会人として大切なことは みんなディズニーランドで教わった

香取貴信 著

星井文 シナリオ／**鳥栖茉莉花** マンガ

四六判 定価1,430円 ⑩

22万部のベストセラーが、待望のマンガ化！
新人リーダーと共に、チーム、部下と共に結果を出すために
必要な『ディズニースピリッツ10』を学べる1冊。
働くこと、教えること、本当のサービスとは――。

ディズニーランドであった 心温まる物語

香取貴信 著
東京ディズニーランド卒業生有志 著

四六判 定価1,430円 ⑩

リピーター率90％超を誇るディズニーランド——。
"最幸のゲストサービス"の担い手たちが、実際に体験したゲスト、そしてキャストとの温かくてやさしい物語を紹介しています。
夢がかなう瞬間、奇跡が起きる瞬間を一緒に見届けてみませんか？
本書の印税はすべて、東日本大震災で被災した子どもたちをディズニーランドへ招待するチケット代等として使用いたします。

国際エグゼクティブコーチが教える
人、組織が劇的に変わる

ポジティブフィードバック

ヴィランティ牧野祝子 著

四六判 定価1,540円 ⑩

世界10カ国でキャリアを積んだリーダーが、部下一人ひとりの強みを引き出し、成長させる、相手をポジティブにするフィードバック（FB）の方法を指南。
世界のエリートが実践している相手の"やる気を爆増させる FBの ノウハウ"の紹介から、シーンごとにどんなFBをすればよいか、言葉の選び方、タイミングなど実践の仕方までを述べた1冊。

ナチュラル・リーダーシップ の教科書

小日向素子 著

四六判　定価1,650円 ⑩

多様性の時代、五感を使えるかどうか、がリーダーシップの
鍵になります。——山口周氏絶賛！
スタンフォード大、アップル、フェイスブック、ナイキなど、
名だたるグローバル企業他で採用している牧場研修で学ぶ、
これからのリーダーの在り方とは。